高等职业教育学前教育专业"理实一体化"立体教材

幼儿园环境创设

主　编　龚玉洁
副主编　龚红艳　刘桂云
　　　　刘文君　宋晓刚

南京大学出版社

图书在版编目（CIP）数据

幼儿园环境创设 / 龚玉洁主编 .-- 南京：南京大学出版社，2020.8（2023.8 重印）
ISBN 978-7-305-23427-9

Ⅰ.①幼… Ⅱ.①龚… Ⅲ.①幼儿园 – 环境设计 – 幼儿师范学校 – 教材 Ⅳ.① G617

中国版本图书馆 CIP 数据核字（2020）第 096111 号

出版发行	南京大学出版社
社　　址	南京市汉口路 22 号　　邮　编　210093
出 版 人	金鑫荣

书　　名	幼儿园环境创设
主　　编	龚玉洁
责任编辑	曹　森　　编辑热线　025-83686756

照　　排	南京新华丰制版有限公司
印　　刷	南京凯德印刷有限公司
开　　本	787×1092　1/16　印张　9.25　字数　250 千
版　　次	2020 年 8 月第 1 版　2023 年 8 月第 3 次印刷
ISBN 978-7-305-23427-9
定　　价	55.00 元

网址：http://www.njupco.com
官方微博：http://weibo.com/njupco
微信服务号：NJUyuexue
销售咨询热线：（025）83594756

* 版权所有，侵权必究
* 凡购买南大版图书，如有印装质量问题，请与所购图书销售部门联系调换

前言

古今中外的各种事例和研究表明，环境对幼儿发展的影响是极其深远的。2001年教育部颁发的《幼儿园教育指导纲要（试行）》中明确指出："幼儿园应为幼儿提供健康、丰富的生活和活动环境，满足他们多方面发展的需要，使他们在快乐的童年生活中获得有益于身心发展的经验。"环境是重要的教育资源，应通过环境的创设和利用，有效地促进幼儿的发展。可见，幼儿园环境是一种"隐性课程"，应起到满足幼儿需要，支持其健康成长的作用。

2012年教育部颁发的《幼儿园教师专业标准（试行）》，在"专业理念与师德"维度中有关幼儿园教师需要具备的与环境教育相关的基本要求有四项，分别为："重视环境和游戏对幼儿发展的独特作用，创设富有教育意义的环境氛围，将游戏作为幼儿的主要活动。""重视丰富幼儿多方面的直接经验，将探索、交往等实践活动作为幼儿最重要的学习方式。""重视自身日常态度言行对幼儿发展的重要影响与作用。""重视幼儿园、家庭和社区合作，综合利用各种资源。"在"专业能力"维度进一步要求幼儿园教师在"环境的创设与利用"的要求分别有："建立良好的师幼关系，帮助幼儿建立良好的同伴关系，让幼儿感到温暖和愉悦。""建立班级秩序与规则，营造良好的班级氛围，让幼儿感受到安全、舒适。""创设有助于促进幼儿成长、学习、游戏的教育环境。""合理利用资源，为幼儿提供和制作适合的玩教具和学习材料，引发和支持幼儿的主动活动。"可见，幼儿园环境创设是幼儿园教师的必备重要技能，幼儿园环境创设课程也在教师培养中具有重要的地位和价值。

因此《幼儿园环境创设》教材力求体现以下特色：
（1）环境创设实例与解读幼儿园相关政策法规相结合

作为以培养未来幼儿园教师为目标的学前教育专业，通过开设《幼儿园环境创设》课程，结合大量幼儿园环境创设实例，以培养高质量、应用型幼儿园教师为导向，深入贯彻解读《幼儿园教育指导纲要（试行）》《3—6岁儿童学习与发展指南》《幼儿园教师专业标准（试行）》的相关精神，使学生更形象地了解幼儿园环境创设的要求，正确理解幼儿园环境创设方面的政策法规。

（2）理论学习与实践操作相结合

理论：在了解儿童发展心理学原理的基础上，根据学前教育专业美术类系列课程、学前儿童美术教育活动设计与指导的相关内容，形成系统科学全面的幼儿园环境创设的基本理论、原则和方法。

实践：通过观察分析幼儿园环境案例，尝试设计幼儿园环境创设的不同方案，再到幼儿园实地进行环境创设。师生双方教、学、做合一，全程构建理论和技能培养框架，提高学生依据理论科学开展幼儿园环境创设的实践能力。

（3）立体化学习资源与多形式学习形式相结合

幼儿园教育的智慧应体现在教育者灵性的环境创设上，创设灵性的教育环境应是幼教工作者矢志不渝的教育追求。因此，本教材践行现代课程资源建设理念，每章都配有二维码，微信扫一扫即可链接习题、图片、音频、视频等丰富的资源，增强学习体验。另外在课堂教学方面，运用思维导图，为学生形成环境创设的系统知识体系奠定基础；多处提供案例分析，在学习理论的同时观察分析幼儿园环境创设的相关视频照片，以形象思维的丰富促进逻辑思维的提升；设计互动教学模块，体现学生为本的教育理念；设计课程拓展模块，激发学生自主学习兴趣。在教学实践方面，安排学生在幼儿园实地学习并配合幼儿园完成环境创设，设计了相应的技能考核要点及考核内容，真正落实幼儿园教师的职业技能培养。

（4）提升环境创设能力与备战国考相结合

自2015年起，通过全国统一的教师资格考试是获得幼儿园教师资格证的唯一途径。教师资格考试大纲中已明确标出"幼儿园环境创设"在笔试《保教知识与能力》考试科目中占有比较重要的比例，环境创设理论指导如果不科学、不规范，直接影响笔试成绩；如果不能正确地分析问题提出解决办法，不能根据幼儿兴趣需要进行环境创设演示，可能影响面试成绩。而且本部分内容在国考中出题较为灵活，学生备考时要多加重视。本书运用了大量教师资格证笔试、面试中的案例，配合学生迎战幼儿园教师资格考试，教师可以更有针对性地指导学生系统学习，提高幼儿园教师资格考试通过率。

本教材由龚玉洁负责大纲拟定和全书修改，肖加平作为主审，审定书稿内容。教材各章分工如下：第一章、第六章、第七章、第八章由龚玉洁编写；第二章由刘文君编写；第三章由龚红艳编写；第四章由宋晓刚编写；第五章由刘桂云编写。龚红艳还负责了前期幼儿园环境创设的部分资料收集。编写团队期待与读者共同分享经验和智慧，以获得更多的灵感。

本书是编写教师共同努力的结果，感谢参与本书编写的成员，感谢提供案例的广大幼儿园教师，本书在编写过程中借鉴了很多学者的观点，参阅了很多文献内容和网络资料，在此表示深深的谢意。

由于幼儿园环境创设还在不断地发展与创新，编者学识水平有限，书中疏漏之处需要不断修订，敬请广大师生批评指正。

编者 2020 年 1 月于常州

目 录

第一章　幼儿园环境创设概述

第一节　幼儿园环境……………………………………………………………… 2
第二节　幼儿园环境创设的目的、意义和作用………………………………… 6
第三节　幼儿园环境创设的原则和方法………………………………………… 8
第四节　幼儿园环境创设的内容………………………………………………… 14

第二章　幼儿园生活环境创设

第一节　生活环境创设概述……………………………………………………… 28
第二节　幼儿园生活环境创设的要求与实施策略……………………………… 30

第三章　幼儿园主题环境创设

第一节　幼儿园主题环境概念与创设要求……………………………………… 42
第二节　幼儿园主题环境创设的内容…………………………………………… 45
第三节　幼儿园主题环境创设案例与分析……………………………………… 50

第四章　幼儿园区域游戏环境创设

第一节　室内区域游戏环境……………………………………………………… 62
第二节　户外区域游戏环境……………………………………………………… 75

第五章　幼儿园精神环境创设

第一节　幼儿园精神环境概述……………………………………………………… 85
第二节　幼儿园良好精神环境的创设与营造……………………………………… 87

第六章　园外环境资源的开发与利用

第一节　本土环境资源的开发与利用……………………………………………… 94
第二节　家庭教育资源的开发与利用……………………………………………… 101
第三节　社区教育资源的开发与利用……………………………………………… 108

第七章　国外不同教育理念下的幼儿园环境创设

第一节　瑞吉欧教育环境创设……………………………………………………… 112
第二节　蒙台梭利教育环境创设…………………………………………………… 117
第三节　华德福教育环境创设……………………………………………………… 123

第八章　幼儿园环境创设评价

第一节　幼儿园环境创设评价的功能及内容……………………………………… 129
第二节　幼儿园环境创设评价者与评价理念……………………………………… 131
第三节　幼儿园环境创设评价方法及案例………………………………………… 133

微信扫一扫

√ 课件申请

√ 教学资源

教师服务入口

√ 环创素材

√ 加入学习交流圈

学生服务入口

第一章 幼儿园环境创设概述

学习目标

1. 掌握幼儿园环境的相关含义、特点以及分类。
2. 明确幼儿园环境创设的概念，理解其意义和作用，掌握幼儿园环境创设的原则和方法。
3. 了解幼儿园环境创设的内容，树立环境育人的理念。

思维导图

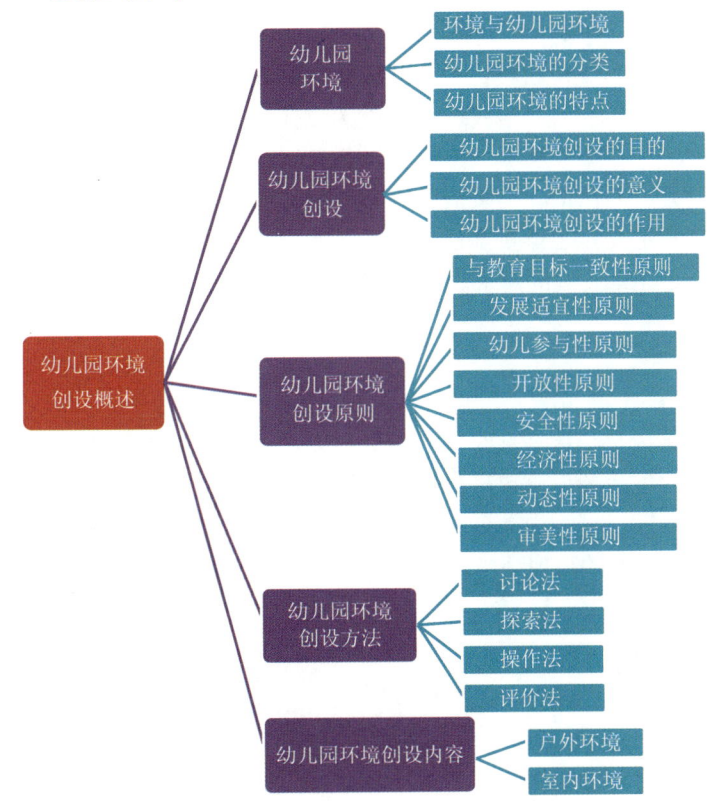

微信扫码获取

文本资料、环创实例、拓展练习

导入活动

《荀子·劝学》中说："蓬生麻中，不扶而直；白沙在涅，与之俱黑。兰槐之根是为芷，其渐之滫，君子不近，庶人不服。其质非不美也，所渐者然也。故君子居必择乡，游必就士，所以防邪辟而近中正也。"该如何理解这段话及它与教育的关系？中国古代还有哪些类似的教育观点？你还能想到类似的成语吗？

第一节 幼儿园环境

人的发展离不开遗传、环境和教育三个方面。其中遗传是上天赋予、与生俱来的因素；环境和教育是受人为影响的、后天获得的，对人的发展起重要作用。所以优质的环境和教育作为培养人的手段，可以改变人的发展轨迹，使人的发展更全面、更科学。

环境在人的发展中起着重要的作用。我国孔子、墨子、荀子等教育家都谈到过环境对幼儿发展的重要作用；在西方，洛克、卢梭、福禄贝尔、弗洛伊德、埃里克森、杜威、华生、蒙台梭利、皮亚杰等教育家、心理学家就环境对人的影响开展了诸多研究。例如洛克说："人出生时的心灵像白板一样，一切观念和知识都是外界环境在白板上留下的痕迹，最终源于经验。"华生说："给我一打健康的婴儿……我保证能把其中任何一个人训练成为我选定的任何一种专家：医生、律师、艺术家、商人，甚至乞丐和盗贼。"皮亚杰则认为儿童主体的活动是第一位的，是发展的根本原因，遗传与环境因素只是儿童发展的必要条件。而杜威则在肯定儿童主体重要性的同时，指出了环境条件的特点对于儿童主体发展的意义，提出要满足儿童发展的需求。从上可以看出他们都认为环境对儿童发展有着重要的影响。

一、环境与幼儿园环境

（一）环境

环境是指围绕在个体周围并自发地对其产生影响的外部世界。这个外部世界指与个体相关的生活环境，包括自然环境和社会环境，包括对人发展产生影响的一切过去、当下和将来的人、事、物等全部社会存在，其中历史传统、文化习俗、社会关系等社会现实，则是更为重要的精神环境。

狼孩的故事

1920年，在印度加尔各答附近的一个山村里，人们打死一匹狼后，从狼窝里带回了一个由狼抚育过的女孩。这个女孩刚开始的生活习性和狼一样：用四肢行走，白天睡觉，晚上出来活动；怕火、光和水，只知道饿了找吃的，吃饱了就睡觉；不吃素食只要吃肉，吃肉时不用手拿而是把肉放在地上用牙齿撕开了吃；不会说话，每到午夜后就像狼一样长嚎。经过七年的教育，女孩才掌握了45个词，勉强会说几句话，开始朝人的生活习性迈进。她死的时候大约16岁，但智力只相当于3、4岁的孩子。请同学们分析一下这是为什么？

狼孩现象说明环境的重要性。狼孩从小待在狼群中，生活的自然环境和所受教育很大程度上影响了她一生的发展，导致狼孩被带到人类生活中无法适应以致最后死亡。一般说来，除了遗传外，三岁以前的小孩各方面所处外部环境正常，且没有遭遇重大变故的话，此生人格会得到正常的发展。可见，人是遗传素质和后天学习相结合的产物，两者缺一不可。长期以来，遗传和后天学习对人的影响谁更重要一直是心理学的争论焦点，而狼孩的例子恰好说明，人类后天学习环境的重要性。

另外，美国心理学家菲利普·津巴多在其著作《心理学与生活》中还讲述了一个有趣的故事。

我的祖父萨尔瓦多

我的祖父萨尔瓦多是西西里岛人，酷爱歌剧，但他生活在美国，一贫如洗，以至于从未去看过歌剧演出。然而每周六他都在他位于Bronx的修鞋铺里，从小收音机里收听歌剧。他喜欢将音量放到最大，而且如果是意大利歌剧，大多数高音部分他还会跟着唱。他还觉得有必要开导开导"美国佬"，让他们学会享受歌剧的乐趣，因此，他喜欢门窗大开，让歌剧洒满周围的街巷。

有个周六，一帮熊孩子打破了他的幻想，他们对我祖父挑衅地叫嚷各种难听的绰号。他们的叫嚷声音很大，以至于我祖父听不清他钟爱的歌剧《茶花女》。于是祖父开始反击，但对方继续冷酷地嘲笑和辱骂他。等他们最终离去的时候，祖父听着歌剧的尾声，却再也没有了兴致。

下一个周六，那帮熊孩子像时钟一样准时来了，继续叫嚣和咒骂。祖父这次走向前对他们说："孩子们，你们的声音实在是太好听了，我甚至都找不到一个恰当的词语来形容。请继续尽可能响亮地喊叫和尖叫，如果你们这么做，我就给你们每人25美分。"他们真的那么做了，像鬼怪一样连续尖叫了近半小时。祖父给了他们钱，他们惊喜万分地离开了，意外的横财让他们高兴不已，他们可以去看电影、喝可乐了。

接下来的周六他们又回来了。祖父出来再次表明自己多么喜欢听他们喊叫的声音，因为它们比歌剧和旁边垃圾卡车的声音还要大。但是，因为自己只是贫寒的修鞋匠，没有足够的钱来支付这么难得的声音，所以今天的表演每个人只能给10美分。

"你把我们当什么？"

"我们才不会为了区区一角钱给你做什么表演。"

"你那点钱，省省吧。"

他们边说边气哼哼地离开，像往常一样骂骂咧咧，但声音不那么高了。

再一个周六，以及之后的每一个周六，那帮熊孩子不再回来冲着意大利老修鞋匠辱骂和咆哮，因为他们觉得老头太吝啬了。祖父现在可以在每个周六专心致志地倾听他的歌剧，声音放得很大，清清楚楚的，而且不用担心那帮没有礼貌、抱有偏见的孩子来打搅他。

通过这个故事同学们是否觉察到了社会情境对人的影响？社会场景的某些特征都可能对我们想什么、怎么做产生显著的影响，社会环境和行为背景对一个人的思维、情感和行为起着微妙而有力的影响作用。

我们每一个人都生长在被自然环境和社会环境包围的世界中，自然环境和社会环境对每一个人都产生着重要的影响，同时每一个人都在或多或少地驾驭、控制、支配和改造着环境。于是，人与环境如何共生共存达到和谐便成了永恒的话题。

（二）幼儿园环境

幼儿园环境是一种特定的环境，绝不是自然自发或随意设置的环境。陈鹤琴先生曾提出："幼儿园环境是儿童所接触的，能给他以刺激的一切物质。"瑞吉欧、艾米里亚教育体系的相关理论认为："环境是一个可以支持社会探索与学习的容器。"可见，幼儿园环境是幼教工作者根据教育目标和幼儿身心发展需要而精心创设的一切条件的总和。

中国著名教育家陈鹤琴在创办的鼓楼幼稚园中设计了儿童游乐设施——树屋，体现了他的教育思想——到大自然、大社会中寻找"活教材"，让儿童在与自然和社会的直接接触中，在亲身观察中获取经验和知识。

瑞吉欧幼儿园教室被老师其划分为几大功能区，包括：艺术中心、科学中心、建构中心、戏剧中心等。精细划分的区域内，家具全部都是木质的，储物篮也是由自然材料制成，随处可见树枝、石块等元素，体现出幼儿园里没有一处无用的环境。环境是一种富有人格魅力的教育力量，是幼儿的第三位老师，不仅能激发幼儿思考，还能引导幼儿的行为与活动，改变幼儿的认识和理解。

图1-1 南京鼓楼幼儿园"树屋"（1937年）

图1-2 瑞吉欧幼儿园环境

幼儿园环境有广义和狭义之分。广义的幼儿园环境是指影响幼儿发展的幼儿园的一切条件的总和。它既包括幼儿园的内部环境，也包括与幼儿园相关的家庭、社区、自然、文化等外部环境。狭义的幼儿园环境是指幼儿园中影响幼儿发展的一切物质环境和精神环境的总和。它包括幼儿园里所有人、事、物、时间、空间以及各种信息要素，并通过一定的教育制度与观念以及文化传统所组织的、综合的一种动态的、有形与无形相结合的教育空间范围。

人在幼儿时期对环境的感应几乎是"全面开放"的，好的、坏的刺激均会接受，没有任何辨识及防御能力。在《幼儿园教育指导纲要（试行）》（以下简称《纲要》）第三部分"组织与实施"中第八条提出："环境是重要的教育资源，应通过环境的创设和利用，有效地促进幼儿的发展。"因此，学前教育工作者必须高度重视环境的教育价值，通过不断探索研究，力求创设与教育相适应的良好环境，为幼儿提供更多的活动和表现能力的机会与条件，让环境作为"隐性课程"，发挥其最大的正向影响作用。

考题预测

（　　）属于广义的幼儿园环境。

A. 幼儿家庭　　　　　　　　B. 幼儿所在社区

C. 幼儿园　　　　　　　　　D. 以上都是

二、幼儿园环境的分类

按构成内容的性质差异来分，幼儿园环境主要分为物质环境与精神环境两大类

（1）幼儿园物质环境分为自然物质环境和社会物质环境两部分。自然物质环境是指幼

儿园中各种自然条件的总和，如花草、树木等都是幼儿园教育活动中可以直接利用的教育资源。社会物质环境主要由幼儿园的房舍、户外活动场地、各种设施设备和活动材料、空间结构与环境布置等要素构成。

（2）幼儿园精神环境是指教师的教育教学态度、管理方式、言行举止等所造成的幼儿园精神环境和人际关系环境。具体表现在教师与幼儿、教师与幼儿园管理者、幼儿与幼儿、教师之间的交往相处模式及环境氛围。由于幼儿年龄小，心理发展尚未成熟，因此幼儿园精神环境对幼儿的认知、情感与个性品质的形成与发展具有十分重要的作用。

幼儿园的物质环境和精神环境两者互相作用、互相制约，二者同时对幼儿产生影响。其中物质环境是学前教育存在与发展的必备条件，精神环境是幼儿心理发展的重要影响因素。物质环境由人创设，精神环境通过人和物来体现。例如，由于物质环境的单调匮乏而造成幼儿缺少愉悦好奇的精神体验；由于教师态度严厉，不了解幼儿的心理而造成幼儿面对物质环境时战战兢兢，亦无法使物质环境发挥教育作用。总之，幼儿园精神环境在物质环境的支持下才能发挥作用，而物质环境创设目标的实现，取决于幼儿园精神环境的状况，两者相互依存、相互影响（图1-3）。

图1-3　幼儿园物质环境与精神环境

按幼儿在园一日活动的主要类型来分，幼儿园环境分为生活活动环境、游戏活动环境、学习活动环境。

按活动形式来分，幼儿园环境分为语言环境、运动环境、劳动环境和游戏环境。

按保教并重特点来分，幼儿园环境分为保育环境和教育环境。

按幼儿生活、安全、活动和交往需求来分，幼儿园环境分为生存环境、安全环境、活动环境和交往环境。

按幼儿园课程结构和特征来分，幼儿园环境分为物质空间环境、组织制度环境和文化精神环境。

考题预测

1. 物质环境是学前教育存在与发展的（　　）。
　A. 主要条件　　　　　　　　B. 必备条件
　C. 次要条件　　　　　　　　D. 生活条件

2. 按幼儿的生活、安全、活动和交往需求来分，幼儿园环境应当包括（　　）、安全环境、活动环境和交往环境。
　A. 物质环境　　　　　　　　B. 精神环境
　C. 生存环境　　　　　　　　D. 游戏环境

三、幼儿园环境的特点

（一）教育性

幼儿园作为专门的幼儿教育机构，其环境创设与其他非教育机构有显著的区别。它是根据幼儿园教育的目标及幼儿的发展特点有目的、有计划、有组织地精心设计的。

教育者根据幼儿园教育的目标及幼儿的发展特点，运用各种手段，将教育意图融合在环境里，促使幼儿去发现，激发其好奇心和探索行为，从而促进幼儿的发展。

（二）可控性

幼儿园内部环境的构成处于教育者控制之下，与外界环境相比具有可控性。具体表现在两个方面：一方面，社会上的精神文化产品，各种幼儿用品等进入幼儿园必须经过精心筛选甄别，以有利于幼儿发展为选择标准；另一方面，教师根据教育的要求及幼儿的特点，有效调控环境中的各种要素，维护环境的动态平衡，使之始终保持在最适合幼儿发展的状态。

图1-4幼儿园自然角的环境创设体现了幼儿园环境的教育性和可控性。当种植内容要进入幼儿园时，教师与幼儿首先确定种什

图1-4　幼儿园自然角

么，排除对幼儿不利的因素，这是可控制范畴；然后根据教育要求及幼儿特点，有效调控种植的种子、土壤、花盆等各种要素，使自然角环境适合幼儿的学习发展状态，体现教育性与可控性的共同作用。

幼儿园环境的教育性和可控性之间是相互联系、相互依存、相互制约的关系，教育性决定着环境的可控性，使可控性具有明确的标准和方向，而可控性又保证着教育性的实现。

第二节　幼儿园环境创设的目的、意义和作用

幼儿园环境创设是指幼儿园教育工作者依据幼儿园教育要求和幼儿身心发展需要，充分挖掘和利用幼儿生活环境中的教育因素，并创设幼儿与环境积极作用的活动场景，把环境因素转化为教育因素，促进幼儿身心主动发展的过程。幼儿园环境创设是每一位幼儿园教师的职责和义务，也是幼儿园教师必备的专业能力之一。

一、幼儿园环境创设的目的

《纲要》第三部分"组织与实施"中第八条明确指出："环境是重要的教育资源，应通过环境的创设和利用，有效促进幼儿的发展。"因此，幼儿园环境创设的目的是：有效促进幼儿的发展。

在《纲要》《幼儿园工作规程》（以下简称《规程》）《3-6岁儿童学习与发展指南》（以下简称《指南》）等学前教育文件中都指出了幼儿园环境创设目标要求，一些中外学者也提出了幼儿园环境设计或创设目标（扫描章首二维码可获取相关资源）。这些目标要求的提出，共同指向一个目的：有效促进幼儿的发展。

二、幼儿园环境创设的意义

1. 为幼儿提供发展保障

幼儿在幼儿园的一日生活包括入园、游戏、盥洗、如厕、进餐、睡眠等，只有具备相应功能的建筑、空间设备才能使幼儿感到安全、方便、舒适和愉悦，因此，幼儿园的环境创设首先为幼儿提供了发展保障。

2. 促进幼儿身心健康

宽敞的空间、适合幼儿的设备器具使幼儿身体得到锻炼；整洁优美的环境给幼儿美的享受，富于探索性的环境满足幼儿的好奇心，激发幼儿的探究热情，培养幼儿的探究能力；文明有序的集体活动环境有利于培养幼儿的适应能力；融洽和谐的人际关系使幼儿感到宽松、自由、被尊重、被接纳，从而促进身心健康和谐发展。

3. 激发幼儿创造潜能

幼儿不是环境创设的消极旁观者和享用者，而是环境创设的积极参与者和互动者。在环境创设过程中，幼儿会参与设计构思、材料搜集、动手制作和布置的全过程，激发幼儿自我发展的主人翁意识。在与环境交互作用的过程中，幼儿会根据自己的需要自由选择环境、探索环境、控制和驾驭环境、其积极性、主动性、创造性可以得到最大限度的发挥。

三、教师在幼儿园环境创设中的作用

1. 准备环境

教师在准备环境时需要注意：

（1）让环境蕴含目标。

教师必须带着明确的教育目标来准备环境，将周围的物质条件、人文因素精心加以组织，让环境来引导幼儿发现自己要做的事情。

（2）激发幼儿兴趣，并使其增加兴趣。

幼儿对环境具有敏锐的感受性，但对自己的兴趣需要往往认识不清，也无法明确表达出来。因此教师给幼儿提供丰富安全的、适合年龄特点的环境，能引导幼儿发现自己的兴趣，产生并增加兴趣。

（3）让幼儿感到环境的自主性。

贯彻执行好环境创设的幼儿参与性原则是教师准备环境时必须要关注的，也是教师成为幼儿学习活动的支持者、合作者、引导者角色的重要内容之一。只有让幼儿积极参与准备环境，才能让幼儿真正成为环境的主人。

2. 控制环境

教师对环境的控制，有利于引发、支持幼儿的游戏和各种探索活动，更有利于引发、支持幼儿与周围环境之间积极的相互作用。教师通过控制环境，充分利用幼儿同伴群体、幼儿园教师集体、家庭、自然环境和社区的教育资源，形成合力有效促进幼儿发展。

3. 调整环境

幼儿是不断发展变化的个体，因此教师在幼儿园环境创设中应根据幼儿兴趣、需要、能力的发展变化及时调整环境，使环境始终保持在适合幼儿发展的最佳状态。

考题预测

1. 准备环境、控制环境、调整环境，是教师在幼儿园环境创设中的（   ）。
   A. 作用　　　　　　　　B. 目标
   C. 意义　　　　　　　　D. 做法

2. 阅读下面材料，回答问题：小班开展"苹果"绘画活动，小一班老师在教室里贴了很多幅苹果的图片，让幼儿观察苹果然后画苹果；小二班老师画了一棵大苹果树，和小朋友玩摘苹果的游戏，还找来了各种苹果布置在教室里，和小朋友们看苹果、摸苹果、洗苹果、吃苹果，欣赏苹果的美术作品，然后再开始自由画苹果。请分析两位老师的做法，说一说幼儿园教师在幼儿园环境创设中的作用。

3. 简答题：简述幼儿园环境创设的意义。

第三节　幼儿园环境创设的原则和方法

幼儿园环境创设的原则是教师在创设幼儿园环境时应遵循的基本要求。幼儿园环境创设的方法是指为达到幼儿园环境创设目的而采取的手段和行为方式。

一、幼儿园环境创设的一般原则

1. 环境与教育目标的一致性原则

环境与教育目标一致原则是指环境创设要体现环境的教育性，即环境的设计和表达要符合幼儿全面发展的需要，与幼儿园教育目标相一致。幼儿园环境创设必须强调目标意识，符合国家的教育方针政策，有效促进幼儿体、智、德、美诸方面的发展。因此，在幼儿园班级学期计划、月计划、周计划、日计划以及每一项具体活动中，都应体现和教育目标一致的幼儿园环境创设要求。

交通规则

《指南》中社会领域目标之一为：幼儿应遵守基本的行为规范。3-4岁幼儿"在提醒下能遵守游戏和公共场所的规则"，4-5岁幼儿"感受规则的意义，并能基本遵守规则"，5-6岁幼儿"理解规则的意义，能与同伴协商制定游戏和活动规则"。围绕这些教育目标，幼儿园设计了与教育目标相一致的游戏环境（图1-5、图1-6），帮助幼儿在游戏情境中理解规则、遵守规则。

图1-5 幼儿园室内游戏环境（1）

图1-6 幼儿园室内游戏环境（2）

2. 发展适宜性原则

发展适宜性原则是指幼儿园环境创设要符合幼儿的年龄特点及身心健康发展的需要，促进每个幼儿全面和谐的发展。幼儿园小、中、大班幼儿存在年龄差异，身心发展特点各不相同，幼儿之间还存在着个体差异。因此教师应根据本班幼儿的身心发展特点创设适宜的发展环境，关注个别差异，促进幼儿的个性发展。

例如，幼儿园户外环境应根据3—6岁幼儿的特点和需要设计，既让环境充满童趣，又要在安全的前提下，满足幼儿各种动作发展如走、跑、跳、钻爬、攀登、平衡、投掷等的需要，现有空间条件的充分挖掘，让幼儿发展体能的同时，充分享受户外活动的乐趣。其中小班幼儿走、跑能力较弱，肢体协调性差，户外环境可以铺设厚的人造草坪、软垫或塑胶地面，再配置一些拖拉玩具、滚动玩具、小型联合器械等，让小班幼儿可以尽情地跑跑跳跳、爬爬坐坐，在游戏中锻炼基本动作。中大班幼儿运动能力明显增强，户外环境可以突出挑战性和探索性，如坡道、土坑结合的游戏区、吊床、长秋千等，让幼儿产生更多的探索欲望和运动激情。

3. 幼儿参与性原则

幼儿参与性原则是指环境的创设过程是幼儿与教师共同合作、共同参与的过程。陈鹤琴先生曾说："通过儿童的思想和双手所布置的环境，可使他对环境中的事物更加认识也更加爱护。"幼儿参与是幼儿学习的关键，学习是其发展的前提，幼儿在幼儿园的发展情况是评价幼儿园教育环境质量的标准，所以幼儿的参与情况自然也是评价幼儿园教育环境质量的一个重要指标。

例如中班环境"拆装时钟"，幼儿拆装时钟的照片、幼儿绘画拆装时钟的工具、拆装时钟活动中的对话，被老师记录剪切装饰后布置在教室里，充分体现幼儿参与性原则。大班环境"最喜欢做的事"，幼儿将自己喜欢做的事画下来或者拍下照片，教师组合装饰后布置在教室环境中，充分体现幼儿参与在环境创设中的主体地位。

图1-7 幼儿参与环境创设：拆装时钟　　图1-8 幼儿参与环境创设：最喜欢做的事

4. 开放性原则

开放性原则是指创设幼儿园环境要把社区环境、家庭环境与幼儿园环境有机结合起来，形成开放的幼儿教育系统，促进儿童获得最佳的发展。联合国教科文组织提出："加强学校和地方社区的联系就成了使教育和其环境相依为命发展的主要方法之一。"《全球幼儿教育大纲》中指出："幼儿的成长和教育是家庭、教师、保育人员和社区共同的责任。

在家庭和社区里,所有成员应共同为儿童的利益创造良好的条件。"由此可见,幼儿园环境创设中把握好开放性原则,是推动幼儿健康成长的重要保证。

例如,南京某所幼儿园根据南京是军区所在地的地方特色,开展了"绿色军营"主题活动(图1-9),环境创设充分体现了幼儿对军营的认识,符合开放性原则。

5. 安全性原则

保护幼儿的安全健康是幼儿园的首要责任,也

图1-9 幼儿园环境"绿色军营"

是贯彻"保教并重"原则的重要措施。幼儿园环境的安全主要包括两个方面:物质环境的安全和精神环境的安全。物质环境的安全是指幼儿园所有设施设备器具必须以保障幼儿人身安全为前提。例如,幼儿园栏杆宜用竖栏,高度不低于110cm,栏杆与栏杆之间宽度小于11cm,以防幼儿攀爬造成危险(图1-10)。如果加上横栏,就容易引发幼儿攀爬的意外事故(图1-11)。

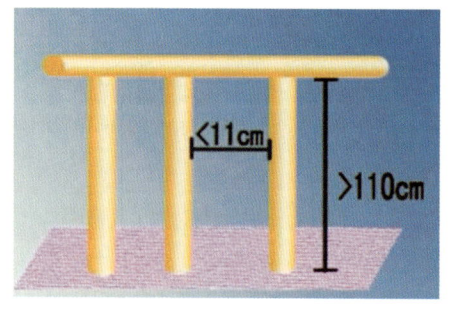

图1-10 幼儿园建筑设计要求

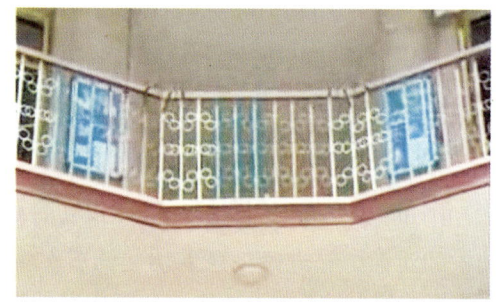

图1-11 幼儿园建筑装修问题

幼儿园户外物质环境要注意防止意外事故发生,对各类大、中、小型运动器械的安全卫生要求是:坚固、耐用、放置合适、使用安全;高矮、大小、坡度等均适合幼儿的年龄特点,有利于婴幼儿的身心健康和发展。在幼儿每次户外活动前,要仔细检查器械是否安全,防止发生意外伤害。定时检修运动器械,消除一切不安全因素,当运动器械有破损、松动、脱落等现象时,应及时加以处理。当幼儿在户外活动时,教师的保护性措施一定要周全。

精神环境的安全是指幼儿园的精神氛围良好,让幼儿获得心理上的安全感。

6. 经济性原则

经济性原则是指创设幼儿园环境应考虑幼儿园自身经济条件,因地制宜办园。昂贵的幼儿园环境创设不一定有利于幼儿的全面发展,给幼儿提供物质条件时,教师应以物质条件对幼儿发展的作用大小和经济实用性为依据,既贴近幼儿生活,又有效激发幼儿的创造潜能。例如,幼儿园号召幼儿家庭

图1-12 幼儿园游戏环境

收集废旧物品或本地的自然农作物及特色产品，加工成幼儿游戏玩具，丰富室内游戏环境，既贴近幼儿生活，又促进幼儿了解家乡风貌，还经济环保，可谓一举多得（图1-12）。

7. 动态性原则

动态性原则是指幼儿园环境创设应该跟随幼儿的兴趣、需要和环境的变化做出适当调整，以适应幼儿不断发展的需要。幼儿具有喜爱新鲜事物的特性，长期面对毫无变化的环境会让幼儿审美疲劳，活动兴趣逐渐减弱。如果教师能及时根据幼儿的兴趣、需要改变和丰富材料，使幼儿保持活动的兴趣，能更有效促进幼儿的发展。

幼儿园环境的动态性体现在两个方面，一是主题活动过程的动态变化，结合幼儿知识经验的增加，定期更新或改变主题墙的内容，让幼儿获得更多与环境互动的机会；二是游戏材料的动态变化，通过游戏材料的更新，鼓励幼儿在操作游戏材料中发挥想象力和创造力，亲身参与改变环境。

需要注意的是，幼儿园环境创设的动态性必须建立在观察了解幼儿与环境互动的反应的基础上，并不意味着频繁变换环境。否则会造成教育资源的浪费，造成幼儿缺乏耐心和专注力的不良习惯。

在户外游戏环境创设中，幼儿园教师和幼儿一起收集废旧材料，自制户外活动玩具，是很好的环境创设举措，符合经济性原则。但要同时注意符合安全性原则，安全无毒，保护幼儿身体不受伤害（图1-13、图1-14）。

图1-13　幼儿园户外环境创设——自制户外玩具　　图1-14　幼儿园户外环境创设——自制户外玩具

8. 审美性原则

审美性原则是指在环境创设中教师要力图创设美的环境，萌发幼儿对美的感受和体验，激发幼儿内在的审美需要，丰富其积极情感和想象力、创造力，做到"以美育人"。

每个幼儿心里都有一颗美的种子，符合审美性原则的幼儿园环境可以使幼儿心里美的种子生根发芽，既愉悦幼儿的身心，培养幼儿的审美情趣，又提高幼儿的审美能力，陶冶幼儿的情操。幼儿园环境的审美性原则主要体现在以下两方面：

（1）自然美和生活情趣。

幼儿园环境创设要充分利用自然因素，如水、土、沙、山坡、坡度适当的草坪、树木、各类不带尖刺的花木果蔬等错落有致地布置于幼儿园环境中，让幼儿园成为充满自然美的儿童乐园，让幼儿充分亲近自然，与自然互动，感受大自然的美好，让幼儿园展现出勃勃生机。

另外幼儿园环境创设应在理解幼儿审美特点的基础上，体现生活情趣。例如活动室的工艺品制作和摆放，幼儿作品的完善和加工，都能让幼儿获得美的感受和体验（图1-15）。

（2）形式美和协调性。

幼儿园环境创设要充分考虑色彩、造型、线条、构图等美术的形式美要素，营造充满美感的环境空间（图1-16）。同时注意整体环境风格的协调性，例如主题墙和区域游戏环境的内容、色彩、造型的搭配，体现美感的同时充分发挥环境的教育功能，让幼儿不仅在潜移默化中感受与欣赏美，而且激发出表现与创造的愿望。

图1-15　幼儿作品加工图　　图1-16　幼儿园室内环境的形式美

让教育融入户外环境

图1-17、图1-18的户外环境创设中较好地体现环境与教育目标一致性原则、幼儿参与性原则、安全性原则、经济性原则及审美性原则。试想在和煦阳光中的丝瓜藤架下，幼儿坐在废旧轮胎的"椅子"上，拿着画板画着他看到的一切大自然美妙的东西，这是何等的惬意！幼儿可以在幼儿园的土地上耕耘，洒下种子，浇水除草，看着植物发芽生长，在照顾植物生长的过程中，感受生命变化的奥秘，这是人类智慧获得的过程，也是大自然赋予人类的权力啊！

图1-17　幼儿园户外绿化环境　　图1-18　幼儿园户外种植园地

真题再现

（2014年）大一班开展了识字比赛，教师为此创设了班级墙面环境如下图：

问题：请根据环境创设的基本原则，对案例中为识字比赛创设的墙面环境进行评析。

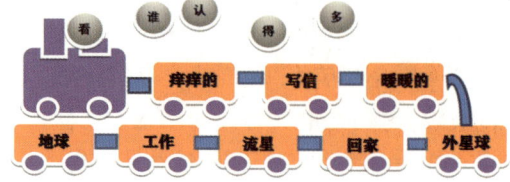

二、幼儿园环境创设的方法

幼儿的发展是在与周围环境的相互作用中实现的，因此幼儿园环境创设不是表面化的装修装饰，更不是幼儿与教师完成任务的展示板，而是开阔办园视角的展示，自由互动空间的塑造，科学全面教育的痕迹，适宜幼儿自然发展的活动平台。幼儿教师通常采用以下方法进行环境创设，有效地促进幼儿的发展。

1. 讨论法

讨论法是指教师引导学生以全班或小组为单位，围绕相关主题、内容、规则及所需材料制作等一系列问题，各抒己见，通过讨论或辩论活动，获得知识经验或巩固知识的一种教学方法。幼儿园环境创设的主题和内容往往是幼儿在一日活动中生成的，教师敏锐地捕捉到后可以采用讨论法与幼儿讨论、分配任务，确定环境创设的主题及相关环境装饰的内容要求，引导幼儿积极主动与环境相互作用（图1-19）。

图1-19 幼儿园教师与幼儿讨论环境创设

讨论法优点在于全部幼儿都参加活动，可以培养幼儿的交流合作精神，激发幼儿对学习的兴趣，提高幼儿学习的独立性。运用讨论法需要幼儿具备一定的基础知识、一定的理解能力和独立思考能力，因此讨论法的运用要注意幼儿的年龄特点，小班幼儿讨论的问题应简单一些或者二选一；中大班幼儿可以根据他们的知识经验选择适当的讨论话题、具体的讨论材料，激发幼儿的思考，提高幼儿解决环境创设问题的能力。

2. 探索法

探索法是指幼儿在与环境互动中自己发现问题、独立解决问题的过程与方法。这种方法可以激发幼儿内在的学习动机，提高他们学习的主动性和积极性。教师可以利用园内的墙饰、区域活动材料、幼儿学习过程的记录和展示等引导幼儿进行探索，发现事物的变化，在解决问题中培养幼儿的学习兴趣（图1-20）。

3. 操作法

操作法是指教师引导幼儿亲自动手操作材料，从而获得知识经验的基本方法。操作法是幼儿获得经验的重要方法，幼儿通过操作法了解事物的性质，对事物形成认识和看法。环境创设中幼儿的摸摸看看、敲敲打打、剪剪贴贴、拆拆拼拼、揉搓撕拉等都是有益于幼儿学习的操作行为（图1-21）。

图1-20 幼儿在与环境互动中探索　　图1-21 幼儿在游戏环境中操作体验

4. 评价法

评价法是指幼儿园环境创设质量的评价，包括幼儿适应环境的评价，幼儿与环境互动行为评价，幼儿园环境创设的适宜性、有效性评价等。评价法贯穿幼儿园环境创设的整个过程，管理人员、教师、幼儿及家长均是幼儿园环境评价的参与者（图1-22、图1-23）。

图1-22　幼儿园教师进行环境创设方案评比　　图1-23　幼儿园教师进行环境创设评比观摩

评价过程是各方共同参与、相互支持与合作的过程，是教师运用专业知识审视幼儿园环境，发现、分析、研究、解决问题的过程，是其自我成长的重要途径。评价法对调整和改进环境创设工作，促进幼儿发展，提高教育质量有着重要的意义。

考题预测

论述题：幼儿园环境创设的方法有哪些？请结合实例说明。

除了以上几种幼儿园环境创设的基本方法外，教师还可以根据幼儿实际情况、幼儿园当地、当时情况灵活采用环境创设方法，只要符合幼儿的年龄特点、需要兴趣，能有效促进幼儿健康成长的环境创设方法，就是适宜的方法，正所谓"教无定法，贵在得法"。

第四节　幼儿园环境创设的内容

幼儿园环境创设内容从布局来分包括室外物质环境和室内物质环境。室外物质环境又叫户外环境，是指幼儿园室外可供儿童活动，休息和欣赏的空间，主要包括园门围墙、景观绿化、活动场地、种植园地与饲养角等。幼儿园室内物质环境是指幼儿园建筑物内部的空间形态，包括幼儿园大厅、走廊、各班级活动室、寝室、盥洗室、卫生间环境、各类专用活动室、教工办公室、饮水区和食堂等。

学前教育专业学生需要全面了解幼儿园室外物质环境和室内物质环境创设的内容，以便从实际出发，加强幼儿园园内物质环境的利用，让幼儿园的空间、设施、活动材料和常规要求等有利于引发、支持幼儿的游戏和各种探索活动，让环境真正成为重要的教育资源。

一、幼儿园园门及围墙

我国幼儿园一般都是封闭环境，根据幼儿数量和幼儿园用地面积设置1—2个出入口，一个是供幼儿、家长及教职工出入的大门，另外一个为幼儿园运送物资出入的辅门，两个出入口只在人员出入、运送物资或者紧急疏散时开启，其他时间都处于关闭状态，以保证幼儿的安全。幼儿园出入口不宜直接设置在道路干道一侧，其出入口应设置车辆和人员停留的场地，且不影响城市道路交通。幼儿园大门造型设计一般有趣别致，富于童话色彩，以吸引幼儿来园。

图1-24和图1-25的幼儿园园门设计都较为别致，但是从安全性角度上来看，图1-25的幼儿园大门出入口在道路干道一侧，存在幼儿出入安全隐患，且车辆无处停放，不利于交通管理。

图1-24　幼儿园园门（1）　　　　　　图1-25　幼儿园园门（2）

幼儿园围墙有镂空、实体等式样，总体要求是与幼儿园建筑物风格协调，有美观作用的同时保证幼儿的安全（图1-26、图1-27）。

图1-26　幼儿园镂空围墙　　　　　　图1-27　幼儿园部分实体围墙造型

二、幼儿园户外活动场地

相较于室内游戏，户外游戏以其空间的开阔和开放、游戏意愿更加自主、活动过程的易嬉戏性、环境资源的亲自然性、材料投放的趋动态化和更富挑战的运动性等，呈现出不可替代的课程价值与魅力。户外游戏以不同于室内的方式有效促进幼儿的运动、认知、社会、情感的发展，也是儿童童年重要的回忆（图1-28）。

《纲要》指出："开展丰富多彩的户外游戏和体育活动，培养幼儿参加体育活动的兴趣和习惯，增强体质，提高对环境的适应能力。"对3—6岁的幼儿来说，户外环境是充满吸引力的、广阔的游戏场。蓝天、阳光、空气、动植

图1-28　幼儿园户外活动场地

物和各种游戏设施设备，能带给孩子无限的自由和欢乐。《规程》（2016年3月1日施行）中明确规定："幼儿户外活动时间（包括户外体育活动时间）每天不得少于2小时，寄宿制幼儿园不得少于3小时；高寒、高温地区可酌情增减。""幼儿园应当积极开展适合幼儿的体育活动，充分利用日光、空气、水等自然因素以及本地自然环境，有计划地锻炼幼儿肌体，增强身体的适应和抵抗能力。正常情况下，每日户外体育活动不得少于1小时。幼儿园在开展体育活动时，应当对体弱或有残疾的幼儿予以特殊照顾。"因此，幼儿园应对户外环境进行科学合理的规划设计和布置，使幼儿在户外环境中获得健康有益的发展。

幼儿园户外活动空间需要做规范的整体规划和设计，有规划设计图；场地平整、安全、防滑，无危险物和杂物，以利于幼儿开展各种游戏；场地布局合理，具备30米跑道、沙池、戏水池、饲养区、种植园地等达到《幼儿园建筑设计标准》和《幼儿园建筑设计规范》要求，功能完备；设置旗杆和旗台；有石子路、软化带、绿化带等多种地面类型，且考虑土丘等地形变化，室外游戏场地应设置软质地坪，软质地坪面积应大于70%；幼儿园应综合有效利用地面、平台、围墙等多种活动空间，开发多功能活动区域，综合创设运动区（攀爬区、平衡区、投掷区、悬垂区、触跳区等）、建构区、探索区（沙水区、动植物区、观察区、科学现象探索发现区）、美劳区、装扮区等；幼儿园绿化率（包括平面和垂直绿化）占户外活动面积不低于30%。

（一）景观绿化

良好的幼儿园室外景观是幼儿天然的绝佳学习场所。儿童偏好在未结构化的自然环境中游戏，自然的环境给予儿童更多的运动机会也能引发儿童的创造性以及社会行为。有研究者就指出，"户外环境绿地设计，首先应该符合儿童的活动特征，努力创造出既可游玩，又可培养和训练儿童智力发展的场所。"

因此，幼儿园应充分利用自然地理条件，结合阳光、空气、土地、水、石头等自然元素，创设出幼儿喜爱的室外景观，例如不同质地的道路、高低不同的山坡、小山洞、宽阔的草地、小树林、小花园、小桥、小溪、沙地、浅水池等，使幼儿对户外环境产生强烈的好奇心和探究兴趣（图1-29、图1-30）。

图1-29 幼儿园景观绿化

图1-30 幼儿园沙地水池

幼儿园科学合理的绿化，就是运用植物的种类、姿态、高度、叶色、花色等的变化，创造一个自然、舒适、优美的乐园，在强化其绿化功能的同时，还要注重挖掘与发挥其保教功能。幼儿在春有百花、夏有绿荫、秋有硕果、冬有枯枝的环境中探索季节交替的秘密，感知动植物的变化，在与大自然交融的过程中对大自然产生好奇、热爱与敬畏，让大自然真正成为一本"活教材"（图1-31），使幼儿获得美的熏陶，有益于其身心健康发展。

（二）户外运动区

幼儿园创设户外运动区域时，应根据幼儿园的自然环境进行创设，例如高低不同的山坡使幼儿产生不同的运动体验，从而有效锻炼幼儿的体能。结合其他的运动设施设备，幼儿更感到兴奋又刺激；山洞的设计充满了神秘感，能满足幼儿强烈的猎奇玩耍心理，从而获得愉悦的游戏体验（图1-32、图1-33）。

图1-31　幼儿园绿化的巧妙运用

图1-32　幼儿园山坡运动环境

图1-33　幼儿的山坡游戏

幼儿园还需要根据地形安置活动器械或设备，以锻炼幼儿的走、跑、跳、钻爬、攀登、投掷等基本动作（图1-34、图1-35）。从制作材料上看，可分为软材料（如木头、塑胶）器械、硬材料（如钢筋、水泥）器械；器械的组合形式有单独设置（只有一个器械，如秋千）、联合设置（由两个器械组成，如平衡木—钻筒二合一）和复合设置（由三个及以上器械组成，如攀登架—荡桥—滑梯三合一）三种类型。实践证明，复合设置的体育运动器械对儿童体能发展的影响优于联合设置，而联合设置器械的效果又优于单独设置。在运动场地的边角处，可建立一个小贮藏室，用于存放皮球、呼啦圈、跳绳、小车、滑板等中小型体育活动器具，便于教师和幼儿随时取用。

图1-34　幼儿园户外运动区

图1-35　幼儿园户外运动器械

> **幼儿园户外设备和材料**
>
> 幼儿园户外活动的设备和材料按规模分为大、中、小型三类。
>
> （1）大型设备材料。包括联合器械、攀登架、滑梯、秋千、荡船、转椅、爬梯、平衡木、跷跷板、沙坑、水池、游泳池等。
>
> （2）中型设备材料。包括儿童三轮车、呼啦圈、摇椅、体操垫、拱形圈等。
>
> （3）小型设备材料。主要有各种球（大中小型皮球、羽毛球、乒乓球、篮球、羊角球、儿童棒球、儿童足球等）、各种跳绳、飞盘、儿童高跷、踏板、滑板、沙包、毽子、套圈、哑铃、小旗子、小木棍、大型积木、各种小车（牵线车、小推车）以及玩沙、玩水时所使用的小桶、小盆、小铲子、小瓶子等。

（三）户外建构区

户外建构区环境以大型积木为主，也可以选择一些废旧物品如饮料瓶、塑料管，自然物品如木块（图1-36）、树枝等进行建构，再提供一些绳子、纱巾、大块布料、报纸等辅助物。幼儿在户外建构过程中不仅丰富了生活经验，提升动手动脑能力及交往合作能力，而且能充分体验到真实建造的感觉，因此该区也更受幼儿青睐。

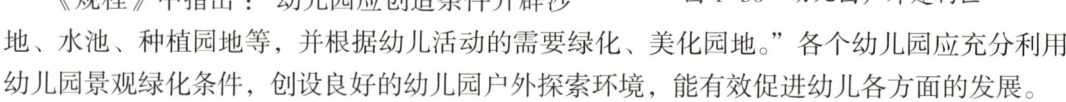

图1-36 幼儿园户外建构区

（四）户外科学探索区

《规程》中指出："幼儿园应创造条件开辟沙地、水池、种植园地等，并根据幼儿活动的需要绿化、美化园地。"各个幼儿园应充分利用幼儿园景观绿化条件，创设良好的幼儿园户外探索环境，能有效促进幼儿各方面的发展。

1. 玩沙区

沙子是来自大自然的原始材料，它们不拘泥的形态和多种多样的玩法从本质上满足了儿童喜爱自由游戏的天性和想象创造的欲望，极受幼儿欢迎。

幼儿园要根据幼儿园人数设计玩沙区大小，保证幼儿在玩耍时不被干扰，尽情发挥。建议沙池和水区放在一起，水源设置在沙池周围，如在沙池边沿装水龙头；也可以在沙池边设计一条流动的小溪，小溪水流高度到幼儿脚踝以上一点即可，在小溪中铺设鹅卵石；

图1-37 幼儿园沙地游戏

图1-38 幼儿在沙地游戏环境设置

沙地边提供洗脚池和洗手池，方便幼儿就近取水。这样设置玩沙区可以让幼儿体验干沙和湿沙的不同，就近设置水源，引导幼儿将沙水结合起来进行游戏，增加玩沙游戏的丰富性。另外沙池还可以通过配备不同形式的材料，起到发展孩子精细动作与探究的作用。如：用于挖掘、装运、过滤的基础材料——沙铲、沙耙、漏斗；用于科学探究的管道类材料——透明细圆直管、支架管、多孔板；用于丰富活动场景的模型建构材料——圆柱体模型、长方体模型、四棱锥模型等（图1-37、图1-38）。

2.玩水区

玩水是孩子一项不可剥夺的权利，允许幼儿玩水是尊重幼儿天性、顺应幼儿自然成长规律的体现，是幼儿探索和认识未知世界的过程，是发现快乐、创造快乐和享受快乐的过程。

玩水区的位置宜靠近水源，蓄水水位不能太高，以幼儿不小心跌入水中抬头能将鼻子露出水面为宜。玩水区旁最好有树荫，避免夏季阳光直射可能对幼儿皮肤造成伤害。玩水区最好与玩沙区相邻，以方便幼儿将玩沙与玩水活动有机结合起来，丰富戏水活动内容，增加戏水活动挑战与趣味性。玩水区周围还可以设置种植区，这样玩水区与种植区形成一个微型的自然界，更有利于幼儿的主动探索发现。有条件的幼儿园还可以考虑在离玩水区不远的地方设置一个小型的美工区，放置简单的美工材料，在水池无水的时间，幼儿可以用颜料在水池地面上画画，充分地和环境接触，体验游戏的快乐。玩水区旁设置一些长椅，幼儿可以坐在上面换衣服和鞋子，参加活动累了以后也可以坐在上面休息（图1-39、图1-40）。

图1-39　幼儿园玩水区

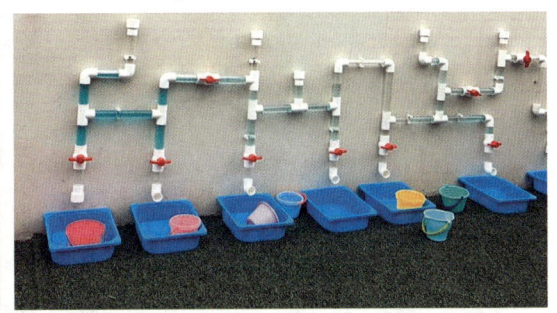
图1-40　幼儿在玩水游戏环境设置

3.户外种植园地

种植园地要求土壤肥沃，阳光充足，一般集中设置在幼儿园一角，也可分开设置，如果条件允许，可分给每个班一块"责任田"。种植园地选择种植的植物应多样化，从当地气候条件出发，选择常见且生长较快的蔬菜、瓜果、粮食作物等（图1-41）。

图1-41　幼儿园户外种植园地

幼儿园户外种植的探索性和操作性空间比较大，因为种植区不仅有丰富的植物物种，还有很多与其共生的小动物，再结合水分、土壤、阳光、空气等自然条件，会发生许多神奇有趣的自然现象。幼儿在参与种植的过程中，可以获得很多关于动植物的直接经验，萌发对自然科学的探究兴趣，还能培养多种能力，形成关爱自然、热爱劳动和珍惜粮食等价值观。

4. 户外饲养区

户外饲养区一般空间较大，通常以饲养家禽、家畜中体型大一些的动物，如羊、兔子、鸡、鸭、鹅等。这些小动物需特定空间，如栅栏或小屋，应远离儿童的生活与学习区域（图1-42、图1-43），有时还需考虑风向等因素，甚至需要根据季节变换位置。

图1-42　幼儿园饲养区（1）　　　　图1-43　幼儿园饲养区（2）

陈鹤琴先生指出，课程的教材源于大自然、大社会。户外饲养区是幼儿园幼儿接近大自然、学习与大自然融洽相处的一个"活教材"。幼儿通过观察动物、喂养动物获得关于动物习性和生长变化的直接经验，真切地感受动物生命的存在，发现自己的行为与动物生命之间的关系，从而真正去感受生命、了解生命、珍惜生命。

（五）装扮表演区

1. 角色游戏区

户外角色游戏区包括娃娃家（图1-44）、超市（图1-45）、医院等，户外角色游戏环境创设可以充分利用自然资源，让幼儿在游戏中充分挖掘大自然的资源，以物代物，发挥更高的游戏水平，获得更多与大自然亲近的愉悦感受。

图1-44　幼儿园户外娃娃家　　　　图1-45　幼儿园户外超市

2. 表演区

教育家陈鹤琴先生认为，教育要"注意环境，利用环境。"幼儿园户外表演区是幼儿园中融合节奏乐表演、音乐表演（图1-46）、舞蹈表演、故事表演（图1-47）、时装表演于一体的户外表演空间。户外表演空间的视野更为开阔，束缚感少，能让幼儿在更轻松、愉快、自愿的状态下进入游戏。

图 1-46　幼儿园户外表演区　　　　　图 1-47　幼儿园户外表演区

户外表演区环境创设属于幼儿园整体环境创设的一部分，它既具有户外环境的普遍性特点，又具有作为区域活动的特殊性。户外表演区的创设主要是物质环境创设，主要包括了表演区空间设计和布局、表演区材料投放两个方面。

3. 音乐区

户外音乐区是幼儿园区域活动的一种，是在幼儿园户外进行的，利用自然环境和相关材料，让幼儿自由进行歌唱、律动、打击乐、乐曲欣赏、音乐游戏、歌唱表演等音乐活动，充分感受和体验、表达与创造音乐的空间。换而言之，户外音乐区就是让幼儿在户外自由"玩音乐"的区域。

户外音乐区的空间最好能够较为开放，远离静区，便于声音扩散同时又不影响其他区域活动。音乐区和表演区可以相互连接或者相邻，容纳人数以每平方米 2—3 个幼儿为宜。音乐区应根据幼儿园场地情况设置，若户外场地较为宽敞，可按幼儿年龄段及发展水平来创设；若户外场地面积较小，可创设成全园共享的音乐区。考虑到对乐器的保存，摆放乐器的空间最好能够遮风避雨。在乐器的选择上可以采用一些现成的乐器，也可以采用日常生活中的锅碗瓢盆、瓶子水桶等作为乐器（图 1-48、图 1-49），让孩子在敲敲打打中发现更多声音的奥秘。

图 1-48　幼儿园户外音乐区　　　　　图 1-49　幼儿园户外音乐区

（六）美工区

户外美工区利用户外环境条件，让幼儿的美工活动从桌面扩展到户外的地面上、墙面上，给予幼儿更为广阔的创作空间，能最大限度地支持和满足幼儿通过直接感知、实际操作和亲身体验获得美术经验的需要，更充分地激发幼儿对美术的兴趣（图 1-50、图 1-51）。

图1-50 幼儿园户外美工区

图1-51 幼儿园户外涂鸦墙

三、幼儿园室内环境

幼儿园室内空间环境是幼儿园环境的重要组成部分，主要指幼儿园主体建筑物内部的环境，包括门厅、走廊、过道、楼梯等室内公共部分和活动室、生活区、寝室、接待室等专用空间。蒙台梭利认为，在教育上环境所扮演的角色相当重要，因为孩子从环境中吸收所有的东西，并将其融入自己的生命中。苏霍姆林斯基也曾经说过："一所好的学校，连墙壁也会说话。"精心布置的室内环境可以让幼儿在潜移默化中得到教育，在幼儿的生活、学习、游戏中起着重要的作用。

（一）门厅（大厅）

幼儿园的门厅是人员来往最多的地方。门厅环境所蕴藏的教育信息、教育理念以及装饰风格让人们形成了对幼儿园的第一印象。因此，幼儿园的门厅环境一般以园所的办园理念、办园特色为环境创设主题，通过家居装饰、文字说明、幼儿作品展示等方式营造幼儿园温馨的氛围（图1-52），或折射出幼儿园的教育理念和办园成绩（图1-53）。

图1-52 幼儿园门厅

图1-53 幼儿园门厅办园理念墙

（二）走廊

幼儿园走廊是家长和幼儿每天经过的地方，应当充分利用，让教师、幼儿与家长从中获取有价值的信息。一般情况下，幼儿园公共走廊布置与幼儿园的班级走廊布置有所不同，公共走廊面向全园家长及幼儿；班级外走廊布置幼儿作品及家长园地，也可以布置一些家长与幼儿感兴趣的艺术作品。

1. 公共走廊环境

公共走廊环境可以包含对幼儿、家长及教师的激励性语言，指引家长及教师的教育行为，同时宣传教育理念（图1-54、图1-55）。可以与幼儿"对话"，提高幼儿的探究兴趣（图1-56、图1-57）。

图 1-54　幼儿园公共走廊环境（1）　　图 1-55　幼儿园公共走廊环境（2）

图 1-56　幼儿园公共走廊圆柱利用（1）　　图 1-57　幼儿园公共走廊圆柱利用（2）

2. 班级外走廊环境

每个班级外的走廊，都应充分利用。走廊宽敞可以创设区域游戏环境（图 1-58、图 1-59），走廊较窄的话可以展示主题活动墙和幼儿作品（图 1-60、图 1-61）。教师可以根据本班幼儿的特点，结合科学的教育理念，充分反映班级特色。"是孩子喜欢的，就是我们认为值得的环境创意。"是幼儿园教师进行环境创设时最朴实的话，是"以幼儿为本"的充分体现。另外，班级外走廊墙面也是向家长介绍班级活动情况、宣传交流育儿经验的好地方。

图 1-58　班级外走廊的角色表演区　　图 1-59　班级外走廊的角色表演区

图 1-60　班级外走廊的主题墙展示　　图 1-61　班级外走廊的幼儿作品展示

（三）楼梯

幼儿园的楼梯地板、墙面也可以充分利用，成为幼儿与家长学习的"教材"。但必须注意展示内容不能过于复杂，文字不能太多，以免造成相关人员在楼梯上停留时间过长影响通行，也不能让幼儿在楼梯上停留玩耍，以免造成安全问题（图1-62、图1-63）。

图1-62　楼梯墙面的废旧物品利用展示　　图1-63　楼梯墙面的健走课程介绍

（四）班级环境创设

幼儿园班级环境是幼儿每日生活起居、学习游戏的重要场所。各班级应根据本班年龄特点与兴趣需要进行班级环境创设。一般情况下是各班根据预设或生成的主题活动，师生一起共同创设能自主表现的环境。先由家长、幼儿、教师共同寻找活动材料，教师引导幼儿在教育活动中充分认识与操作，幼儿完成后教师可进行适当艺术加工，通过共同创设形成幼儿所喜爱的并可以互动的环境。

1.活动室环境创设

活动室环境创设包括区角游戏环境、教学环境、吊饰等，大多数幼儿园活动室还兼作幼儿餐厅。教师应根据幼儿身心发展特点、兴趣及需要设置活动室环境，这一点将在幼儿园主题环境创设章节中做重点介绍。

  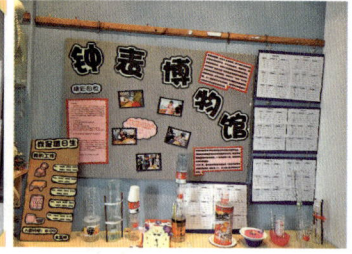

图1-64　小班班级环境创设　　图1-65　中班班级环境创设　　图1-66　大班班级环境创设

讨论：你能从图1-64、图1-65、图1-66中，发现不同年龄班在活动室环境创设中的差异吗？

2.寝室环境创设

班级寝室是幼儿睡眠的地方，首先应该保证幼儿的睡眠安全，其次要注意幼儿的睡眠环境对声音、温度、湿度、光照、空气质量都有一定要求。因此，在注意保证寝室空气质量的前提下，还要保证幼儿感官及身体的感受。还可以配合幼儿园整体艺术风格营造出幼儿喜欢的入眠氛围。

（1）选择有利睡眠的色调。选用中性色有助于人们的睡眠，比如米色、白色、黄色等，色彩柔和、温馨素雅，有利于营造放松的睡眠气氛（图1-67）。淡绿色、青色、蓝色对人的生理和情绪而言，会起催眠作用，虽然会让空间看上去有点"冷"，但具有很强的镇静作用，会使人的内心感到安定，让身心得到放松，清新的颜色也会使人心情愉悦。

（2）选择日常光照充足、较为安静的位置（图1-68）。

图1-67　幼儿园寝室环境（1）　　　　图1-68　幼儿园寝室环境（2）

（3）寝具最好采用幼儿喜欢的造型，窗帘最好用深色的，保证安全无毒。

（4）每天除菌及消毒，保证幼儿睡眠安全。

3. 盥洗室及厕所环境创设

幼儿园盥洗室及厕所环境应在保证安全卫生的基础上，创设出温馨、可爱、充满童趣的氛围，提高幼儿参加盥洗的积极性，按需如厕，养成良好的生活与卫生习惯。

幼儿园的盥洗室和厕所环境可以根据不同年龄班的幼儿身心发展特点创设，与幼儿的生活需要、教育要求紧密结合。

好玩的盥洗室

图1-69名为"海洋世界盥洗室"，蓝色调的毛巾架和波浪纹装饰板运用了大海的颜色，鲸鱼隔板和带鱼毛巾架仿照了海洋里的动物，同时墙面装饰着蓝色的水花。孩子进入这样的盥洗室，怎会不愉悦欣喜？

图1-70的盥洗室变身游戏场：洗手池有高矮两种规格，满足不同身高孩子的需求；宽敞的空间里设有一个大大的水池，供孩子盥洗之余进行玩水游戏。这样的环境一定会被孩子爱上。

幼儿园厕所是供幼儿进行生理排泄的地方，对孩子的生长发育和心理健康、良好卫生习惯的养成起着非常重要的作用。幼儿园的厕所环境创设应在保证幼儿安全的基础上，充分考虑幼儿的身心发展特点、需要及兴趣，让厕所成为幼儿乐意进入的场所（图1-71、图1-72）。

图1-69　幼儿园盥洗室环境（1）　　　　图1-70　幼儿园盥洗室环境（2）

图 1-71 幼儿园厕所环境（1）　　图 1-72 幼儿园厕所环境（2）

（五）专用活动室环境创设

专用活动室是幼儿园的公共活动空间重要组成部分，承担着开发幼儿园课程、满足幼儿兴趣、支持幼儿自主探究的使命。大部分幼儿园设有 4—6 个专用室，较普遍的有建构室、美工室（图 1-73、图 1-74）、小社会、科学发现室（图 1-75）、图书室（图 1-76）。还有一些幼儿园设置了体现本园特色的专用室，如棋艺室、烹饪室、音体室、书画室、游泳馆等。这些专用室创设了更加丰富的环境，投放了更专业的操作材料，为幼儿提供了更多的自主探究空间。

图 1-73 幼儿园美工室环境（1）　　图 1-74 幼儿园美工室环境（2）

图 1-75 幼儿园科学发现室环境　　图 1-76 幼儿园图书室环境

拓展阅读

1. 李跃儿. 孩子是脚，教育是鞋. 上海：华东师范大学出版社，2014：53-81.
2. 陈慧军，张肖芹. 幼儿园环境设计与指导. 上海：华东师范大学出版社，2013.
3. 伍香平. 幼儿园环境创设——整体环境. 武汉：湖北少年儿童出版社，2010.
4. 王海英. 儿童视野的幼儿园环境创设. 北京：人民教育出版社，2019.

实操练习

1. 你理想中的幼儿园是怎样？请你画一画理想中的幼儿园，配上文字说明，谈一谈设计这个幼儿园环境时的想法。

2. 你曾经到哪一所幼儿园参观过？给你印象最深的环境是什么？你可以把它画下来并做相关介绍吗？

第二章 幼儿园生活环境创设

学习目标

1. 知道幼儿园生活环境创设的概念及作用,掌握幼儿园生活环境创设的要求。
2. 理解幼儿园生活环境创设的策略,观察分析生活环境创设的案例及图片。
3. 根据幼儿的身心发展特点和生活需要,尝试有创意地设计幼儿园生活环境。

思维导图

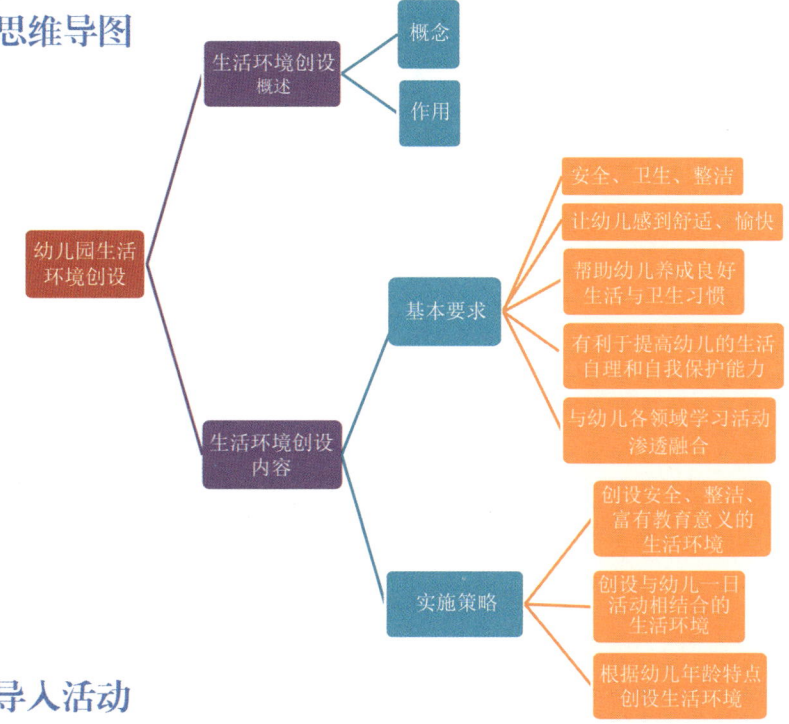

微信扫码获取

文本资料、环创实例、拓展练习

导入活动

同学们知道右边这位教育家吗?你了解他的教育观点吗?

生活教育理论是陶行知教育思想的核心观点。它有三层含义:第一,教育与人类生活相伴而生。自从有了人类社会,就有了人类的生活,也就产生了人类的教育,教育随着人类生活的变化而变化。第二,生活与教育密不可分。陶行知认为"生活即教育":"生活教育是生活所原有,生活所自营,生活所必需的教育。""教育不通过生活是没有用的,需要生活的教育,用生活来教育,为生活而教育。"第三,教育具有终身性。"生活教育与生俱来,与生同去。出世便是破蒙,进棺材才算毕业。"

图 2-1 陶行知先生

可见,生活环境不仅是人类生存的必要条件,而且与人类成长质量密切相关,人终身都在潜移默化地接受着生活教育。因此幼儿园教师的工作职责之一就是为幼儿创设良好的生活环境。

第一节　生活环境创设概述

幼儿园生活环境对幼儿的身心发展起着重要的作用。2001年教育部颁布的《纲要》总则第四条指出："幼儿园应为幼儿提供健康、丰富的生活和活动环境，满足他们多方面发展的需要，使他们在快乐的童年生活中获得有益于身心发展的经验。"那么，幼儿园生活环境是什么呢？

一、幼儿园生活环境创设的概念

幼儿园生活环境是幼儿生活起居的重要场所。它包括与幼儿生活相关的各个功能房，如活动室、睡眠室、盥洗室、保健室等；包括幼儿生活的各种设备，如桌椅、床、被褥、毛巾、水杯等；包括幼儿生活作息制度；还包括在物质生活环境中培养幼儿良好生活卫生习惯与生活能力的各种教玩具及布置。幼儿园生活环境创设是指教育工作者依据幼儿园保教工作要求和幼儿身心发展规律，充分挖掘利用各种资源，使幼儿园环境有益于幼儿健康生活的过程。

二、幼儿园生活环境创设的作用

1. 促进幼儿身心健康发育

幼儿园是3—6岁幼儿生活学习的场所，也是营造良好精神环境的物质前提，良好的幼儿园生活环境能促进幼儿身心健康发育。首先，幼儿园园舍建筑、场地等符合幼儿身心特点，宽敞明亮，科学合理，符合安全要求，能满足幼儿的生活起居需要，为幼儿的生长发育提供保障。其次，幼儿园的生活设施适合幼儿，例如桌、椅和床要合适，帮助幼儿形成正确的坐立行姿势，培养健康的体态。最后，幼儿园的生活环境布置适合幼儿身心特点，让不同年龄的幼儿在生活环境中学习积累各种生活经验，产生积极的情感体验，在集体生活中健康成长。

2. 促进幼儿养成良好的生活与卫生习惯

幼儿园生活环境与幼儿的生活息息相关，蕴含着各种教育信息与价值，其中最重要的价值是促进幼儿养成良好的生活与卫生习惯。例如，在幼儿园门厅布置一周食谱（图2-2）、保健知识等内容；活动室饮水区布置"今天你喝水了吗"的卡片（图2-3）；卫生间布置着"洗

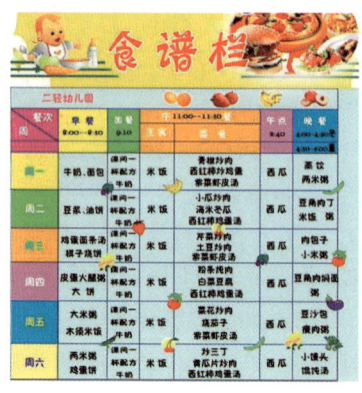

图2-2　幼儿园一周食谱　　　　图2-3　今天你喝水了吗

手七步法"图示,教师根据图示进行生活活动组织等。可见,良好的生活环境蕴含教育价值,是根据幼儿园教育目标和幼儿身心特点设置的有目的、有计划、有组织的隐性教育课程。

3. 培养幼儿基本的生活自理能力

《规程》指出,在幼儿园教育中一日生活的各个环节都是教育的过程。例如教师在衣帽间设计了"衣帽摆放"标识,提示幼儿进教室后自己脱下衣物并摆放好;在活动室设计了"图书摆放"标记,引导幼儿在阅读区看完图示能将图书玩具摆放好;教师在游戏区域设计"系鞋带"游戏板(图2-4),又设计了"系鞋带"的示意图,引导幼儿区域游戏时玩系鞋带,在午睡起床后看图示学习系鞋带等。良好的幼儿园生活环境不仅让幼儿觉得舒适愉快,而且重视利用生活环境培养幼儿基本的生活自理能力,能够让生活环境显现教育价值。

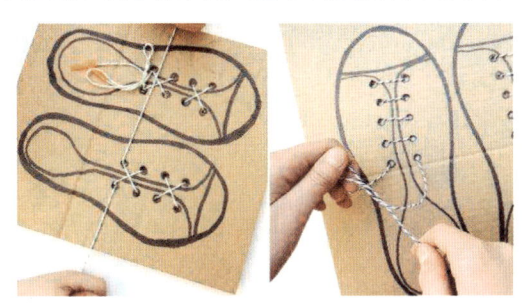
图2-4 系鞋带游戏板

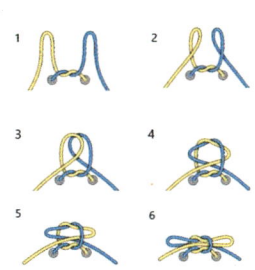
图2-5 系鞋带示意图

4. 与幼儿园教育内容渗透衔接

幼儿园的教育内容是全面的、启蒙性的,可以相对划分为健康、语言、社会、科学、艺术等五个领域,也可做其他不同的划分。幼儿园生活环境创设与幼儿园教育内容渗透衔接,满足幼儿多方面发展的需要,从不同角度促进幼儿情感、态度、能力、知识、技能等方面的发展。例如幼儿园生活环境中喝水区域布置(图2-6、图2-7),幼儿在生活环境创设中通过学习"喝水歌",参与健康活动"你知道喝水时间吗",锻炼了语言能力,获得健康知识,逐渐养成爱喝水的好习惯,这是生活环境与教育内容渗透衔接的效果。

图2-6 喝水区域环境(1)

图2-7 喝水区域环境(2)

5. 引发幼儿、教师、家长参与互动

幼儿园生活环境中,幼儿、教师、家长与材料、环境互相作用,形成了有效的教育资源,共同促进幼儿能力的发展。幼儿通过多种感官感知生活环境和材料,产生相应的情感体验,养成良好生活习惯的同时发展多种能力,形成积极的自我概念;教师将教育目标和内容蕴含在生活环境之中,引导幼儿与环境互动,推动幼儿不断获得知识经验,养成良好生活习惯并不断提升生活能力;家长则是幼儿园重要的合作伙伴,幼儿园生活环境创设有利于提升家长的育儿理念。吸引家长参与幼儿园生活环境创设不仅能给予教师帮助和启发,而且能丰富幼儿的生活经验,拓宽幼儿的视野。

第二节 幼儿园生活环境创设的要求与实施策略

一、幼儿园生活环境创设的基本要求

我们通过分析《纲要》《指南》等相关幼儿园政策法规,可以了解幼儿园生活环境创设的必要性和重要性,理解幼儿园教师关于幼儿园生活环境方面的指导要点和教育建议(扫描本章标题下的二维码获取)。总的来说,幼儿园生活环境创设的基本要求包括以下几点:

1. 安全、卫生、整洁

安全、卫生、整洁的幼儿园生活环境是幼儿健康成长的基础。为幼儿创设一个环境整洁,充满安全感的生活学习环境,合理安排幼儿一日生活,是幼儿园教师的主要职责之一。例如,幼儿园一日生活作息时间表根据当地居民生活情况和幼儿身心发展特点制定(表2-1),让幼儿有科学的生活作息。

表2-1 幼儿园一日生活作息时间表

项目 \ 班次	小班	中班	大班	备注
入园、晨检	7:40—8:00	7:40—8:00	7:40—8:00	
早操	8:35—8:50	8:35—8:50	8:35—8:50	
第一节教学活动	9:00—9:15	9:00—9:25	9:00—9:30	
喝水、如厕	休息25分钟	休息20分钟	休息20分钟	喝奶、用午点
第二节教学活动	9:40—9:55	9:45—10:10	9:50—10:20	活动后喝水、如厕10分钟
游戏户外活动	10:15—11:15	10:20—11:20	10:30—11:20	
餐前准备	11:20—11:30	11:20—11:30	11:20—11:30	
午餐	11:30—12:00	11:30—12:00	11:30—12:00	饭后休息15分钟
午睡	12:15—2:00	12:15—2:00	12:15—2:00	
起床盥洗	2:00—3:00	2:00—2:30	2:00—2:30	
游戏户外活动	3:00—4:10	2:30—4:30	2:30—4:30	大班末期可穿插一节教学活动
区域活动	4:10—5:00	4:30—5:00	4:30—5:00	
离园	5:00—5:30	5:00—5:30	5:00—5:30	

2. 让幼儿感到舒适、愉快

《纲要》指出:"尊重幼儿在发展水平、能力、经验、学习方式等方面的个体差异,因人够施教,努力使每一个幼儿都能获得满足和成功。"教师在生活环境创设中应尊重幼儿的能力差异,力求每个幼儿在生活环境中感到舒适愉快。例如,色彩丰富雅致的盥洗室会带给每个幼儿美好的盥洗感受(图2-8);生动有趣的户外环境让幼儿每天都能感受到快乐(图2-9)。

图 2-8　幼儿园盥洗室　　　　图 2-9　幼儿园户外环境

3. 帮助幼儿养成良好生活与卫生习惯

幼儿园生活环境是为幼儿健康成长服务的，良好的生活卫生习惯是幼儿健康成长的重要条件。因此，教师应发挥聪明才智，创设有利于良好生活卫生习惯养成的幼儿园生活环境。例如，将认识时钟融入生活作息时间表，帮助幼儿了解一天的作息（图2-10）。

4. 有利于提高幼儿的生活自理能力和自我保护能力

生活自理能力和自我保护能力会使幼儿终身受益。因此，提供有利于幼儿生活自理的条件，利用生活环境指导幼儿学习和掌握生活自理和自我保护的基本方法，让幼儿园生活环境充分发挥潜在的教育作用。例如，大班幼儿能够清楚认识值日工作，按照

图 2-10　幼儿园一日生活作息时间表

班级值日表完成要求（图2-11）；用形象的图画告诉幼儿，有序排队上厕所及上厕所的要求，便于小班幼儿理解掌握（图2-12）。

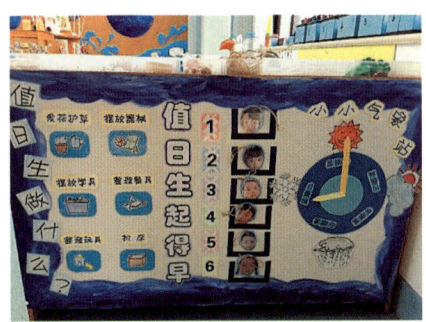

图 2-11　幼儿园值日生区域布置　　　　图 2-12　幼儿园如厕规则

5. 与幼儿各领域学习活动渗透融合

从《纲要》《指南》相关内容要求可以看出，生活环境是幼儿园教育活动的重要组成部分之一，是幼儿学习中最基本、最核心的教育力量。良好生活环境的创设与利用，会使幼儿更有效地获得知识经验，开发智力和发展个性。因此，幼儿园教师应努力创设丰富优美的生活环境，与德、智、体、美等方面的教育互相渗透，有机结合，充分发挥环境的教育作用。如，参考食物金字塔，构建合理饮食（图2-13）；教师创设值日生区域创设时注意将文字、照片、图片、符号等结合起来，幼儿既明白了相关要求，同时也认识一些文字符

号和标记（图 2-14）；幼儿园值日规则，用文字和图画说明的值日要求，便于中大班幼儿掌握（图 2-15）；将不同材质的废旧物品分类摆放到规定的纸盒里（图 2-16），教师与幼儿利用旧报纸和废纸盒做成拎包和笔筒布置环境，让幼儿感受到生活的无限创意，激发想象力和创造力（图 2-17）。

  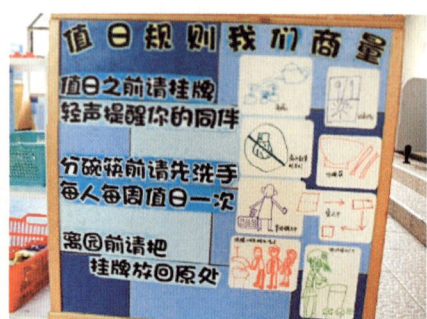

图 2-13 膳食营养塔　　图 2-14 幼儿园来园离园要求　　图 2-15 幼儿园值日规则

 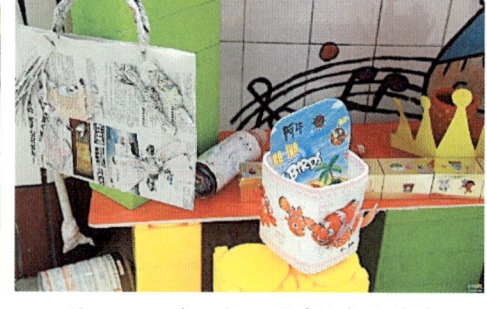

图 2-16 幼儿园废旧物品收集处　　图 2-17 废旧物品制作拎包和笔筒

二、幼儿园生活环境创设的实施策略

《纲要》总则第四条指出："幼儿园应为幼儿提供健康、丰富的生活和活动环境，满足他们多方面发展的需要，使他们在快乐的童年生活中获得有益于身心发展的经验。"围绕这一教育要求，幼儿园教师在生活环境创设中要着重做好以下几方面的工作：

（一）创设安全、整洁、富有教育意义的生活环境

1. 生活环境有利于幼儿的生活、学习

安全舒适的生活环境有利于幼儿的身心健康。教师应关注幼儿园的生活环境是否有利于幼儿的生活、学习。例如幼儿园桌椅高度应适合幼儿身高，桌角为圆角；玩具柜应便于幼儿自由取放各种材料（图 2-18、图 2-19）。

图 2-18 幼儿园桌椅　　　　　　图 2-19 幼儿园玩具柜

2.材料安全环保

教师在幼儿园生活环境创设中为幼儿提供绿地、净水,使用安全环保的各类材料,不使用有害物质和释放有害气味的物品,让幼儿在绿色没有污染的生活环境中健康成长。

3.蕴含教育价值

教师应尽最大努力挖掘并发挥生活环境所蕴含的教育价值,促进幼儿与环境的互动,推动幼儿多方面的发展。如何发挥生活环境的育人作用,可尝试借助标识,其创设要点是"看见、看懂"。"看见"是指幼儿在活动中能够一眼就看到,醒目、清晰;"看懂"指标识的内容符合幼儿的认知水平,便于幼儿理解和识记。例如图2-20"我们的约定"、图2-21"起床流程"。

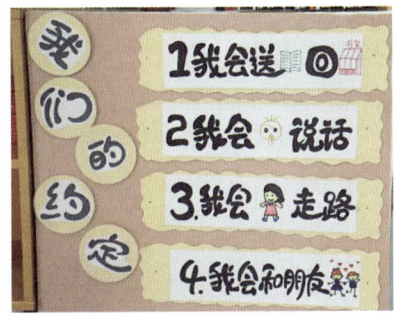 

图2-20　我们的约定　　　　　　图2-21　起床流程

4.合理利用室内外空间

(1)室外空间。

幼儿在户外场地进行的大多是体育活动和游戏活动,幼儿园可以根据不同的游戏内容、幼儿的生活需要来创设生活环境。例如在户外场地设置洗手池(图2-22、图2-23),不仅方便幼儿洗手,还能利用洗手池和水源开展玩水等游戏活动,一举多得。

图2-22　幼儿园户外洗手池(1)　　　　图2-23　幼儿园户外洗手池(2)

(2)室内空间。

教师科学利用幼儿园室内空间,既可为幼儿打造舒适生活环境,又为幼儿在生活环境中的学习提供了条件。例如,幼儿在起居室里换好衣服鞋子,找到有自己标记的柜子挂好,再把书包挂在自己的位置上(图2-24),然后进入活动室活动;幼儿到鞋柜前换上自己的小拖鞋进入午睡室午睡(图2-25)。这些生活环境创设不仅有利于幼儿养成良好的生活习惯,而且能让幼儿学会分清自己和他人的东西,在集体中找到自己的位置,形成良好的自我意识。

图 2-24　幼儿园起居室　　　　图 2-25　幼儿园午睡室鞋柜

（二）创设与幼儿一日生活相结合的生活环境

陶行知先生说："生活教育是生活所原有，生活所自营，生活必需的教育。"《指南》中也要求五大领域的学习应结合生活实际与生活情境进行。因此，创设与幼儿一日生活相结合的生活环境是非常必要且重要的。幼儿一日生活包括入园、进餐、喝水、盥洗、如厕、睡眠、离园等环节，是幼儿一日活动的重要组成部分。创设与幼儿一日生活相结合的生活环境，不仅有助于培养幼儿良好的生活卫生习惯，还能潜移默化地培养幼儿良好的行为品质。井然有序的一日作息时间，尤其是各个生活活动与幼儿的日常生活紧密相连，既兼顾幼儿的年龄特点，也考虑幼儿的发展需要。幼儿进入幼儿园后开始逐步适应各个环节，在幼儿园有意识的教育和培养下，能让幼儿形成科学的生活规律。

1. 入园环节

入园环节通常包括晨检、晨间接待。相关生活环境包括晨检环境与幼儿生活设施设备的准备。晨检教师将做好环境卫生工作，准备好晨检工具，调整心情，热情迎接幼儿入园。晨间接待环节中，教师要提前做好卫生工作，为幼儿营造舒适洁净的生活环境，将消毒好的口杯、毛巾放在固定的位置上。教师在活动室门口对家长和幼儿的主动问好，帮助幼儿建立良好的礼仪；让幼儿自觉主动地放取杯子、擦桌椅，自主选择区域游戏，有意识地培养幼儿生活自理能力；中大班值日制度能够让孩子担当小主人，培养责任感。图 2-26 布置入园提示，让每个幼儿知道入园后应该做什么；图 2-27 中，教师准备好活动室环境，热情接待幼儿入园，指导幼儿将自己的物品放好。

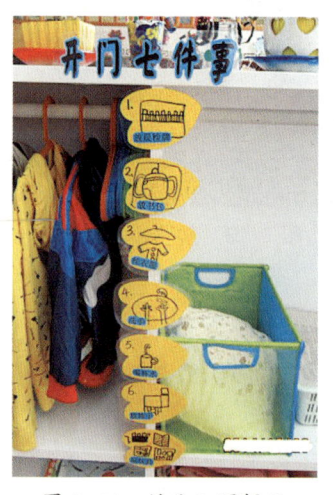

图 2-26　幼儿入园提示　　　　图 2-27　幼儿园教师晨间接待

2.进餐环节

全托幼儿园的进餐一般包括早餐、午餐、晚餐和上下午点心，日托幼儿园的进餐包括午餐和上下午点心。进餐环境包括进餐的物质环境和精神环境。进餐的物质环境是指卫生情况、家具、餐具的准备等；精神环境是指保育员的态度等。具体要求如下：

（1）物质环境：餐室清洁明亮，餐桌餐椅高矮适中、清洁、卫生；餐室没有闲杂的陌生人；餐具清洁，大小适中；饭菜香气扑鼻且营养全面。

（2）精神环境：保持餐室安静或轻声播放舒缓的音乐；教师态度和蔼亲切，周到地照顾幼儿进餐；教师不转移幼儿注意力，让幼儿专心进餐；不催促、不批评幼儿，不利用进餐时间解决问题或引起幼儿过度兴奋；及时解决幼儿进餐中的问题（图2-28）。

图2-28　幼儿园进餐环境

图2-29　幼儿园盥洗室铺渗水地垫

3.盥洗环节

盥洗环节包括幼儿洗手、洗脸、洗澡（全托幼儿）、漱口、梳头等活动。幼儿园盥洗室环境要求为：

（1）地面清洁干爽，防止幼儿滑倒。水池前的地面要铺上渗水地垫（图2-29）。

（2）水池高度应低于幼儿肘关节，如果高出应将水池前的地面垫高，防止洗手时水灌入幼儿的袖口。

（3）准备若干块肥皂（数量与水龙头数相同）放置于水龙头旁。

（4）为每一位幼儿准备一条小方毛巾，挂在固定的地方。

（5）墙面上可张贴盥洗提示，帮助幼儿掌握盥洗要领（图2-30）。

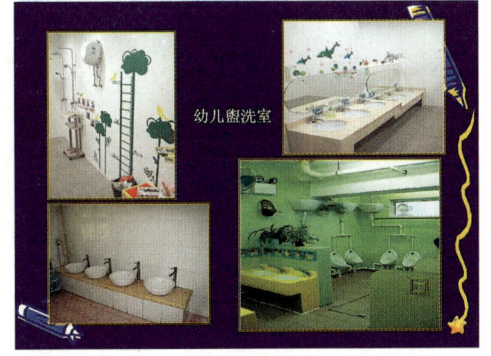

图2-30　幼儿园盥洗室环境创设

4.喝水环节

水在人体中起着运输营养、参与机体各种代谢、调节体温等重要作用。婴幼儿身体水分含量约为体重的70%，教师根据幼儿年龄特点创设适宜的饮水环境，提高幼儿在园的饮水质量，有助于提高幼儿健康水平。

饮水桶一般放置于活动室与靠近盥洗室的交界处，能使孩子在一日活动中就近饮水，也便于孩子餐后取杯子到盥洗室漱口，有助于漱口习惯的养成。托、小班幼儿年龄较小，对游戏环境和色彩比较敏感，教师可以给幼儿提供不同的动物造型的水杯，以游戏口吻告诉幼儿可以和小动物们一起喝水，提高幼儿喝水的积极性；到了中大班，教师可以让幼儿了解喝水对身体的好处，在喝水区域布置贴花或者插卡，让幼儿记录自己每天喝水的水量和次数，以此了解自己喝水的质量，或是根据幼儿自身的发展水平，引导幼儿自己绘制记录表，让幼儿逐渐做到主动喝水。

如图2-31、图2-32，放置水杯的柜子外面装上漂亮的小帘子保证卫生，每一个格子上贴好标记，小班幼儿可以用小动物或其他实物标签，中大班幼儿使用数字或名字标签，既能装饰环境，又便于幼儿记忆。

图2-31　幼儿水杯柜　　　　　　图2-32　幼儿水杯格子标记

图2-33中教室门口装有菱形挂钩，幼儿将自己喜欢的水杯带到幼儿园挂起来，既节约空间又能充分激发幼儿的饮水兴趣。图2-34中幼儿园户外活动时教师准备好放水壶的推车，幼儿需要补充水分时就可以找自己的水杯喝水，有效提高幼儿的饮水频率。

图2-33　幼儿挂水杯　　　　　　图2-34　放置水杯的推车

5. 如厕环节

幼儿时期，吃喝拉撒是幼儿生活的主要活动。如厕环节不仅能满足幼儿正常的生理排泄需要，而且良好的排泄习惯对幼儿人格形成有着深远的影响。创设良好的如厕环境包括以下几点：

（1）厕所应临近活动室和寝室，地面以易清洗、不渗水且防滑最为合适。

（2）始终保持通风和干燥，最好可以自然通风，全天开窗。

（3）厕所设备的大小、高矮以及结构、种类的选择，均应适合幼儿的身材特点和能力发展水平。3岁以下幼儿的便盆最好放在便盆架上以防止倾倒；3岁以上的幼儿使用宽窄与高矮都合适的蹲式便池或者坐便器，男幼儿使用低矮的小便池。

（4）教师应引导幼儿熟悉厕所环境，帮助幼儿了解独立如厕的几个步骤（脱裤子、下蹲或坐在便椅上、排便、擦屁股、提裤子冲水、洗手），并将如厕流程图贴在厕所醒目的位置，让幼儿随时观察，缓解幼儿如厕的紧张情绪。

如图2-35，男孩女孩公用卫生间，可以用帘子隔开，培养幼儿性别意识，同时提高如厕效率，可男孩女孩同时如厕。如图2-36，利用小脚丫标记，可以帮助幼儿准确站到便池两侧，利于小便入池。

图2-35 卫生间环境　　　　　　　图2-36 卫生间环境

6. 睡眠环节

《指南》健康领域中建议幼儿每天睡11—12小时，其中午睡应达到2小时左右。午睡时间可根据幼儿的年龄、季节的变化和个体差异适当减少。因此幼儿园良好睡眠环境创设应注意以下几点：

（1）睡眠物质环境准备：寝室内应保持整洁、空气新鲜；幼儿睡眠时避免风对着幼儿直吹；调节好寝室的温度和湿度；配置颜色较深的窗帘；营造寝室柔和的色调，提供温暖舒适的寝具；保证睡眠期间周围环境安静无噪声。地面最好铺设木制地板，以增加保温性。寄宿制幼儿园的寝室应设置巡视用的照明设施。

（2）活动安排准备：睡眠前组织幼儿进行安静的活动如户外散步、桌面游戏等；提醒幼儿排尿；检查幼儿衣袋，防止幼儿将小物品带到床上玩耍。

（3）睡眠精神环境准备：教师应保持幼儿睡前的愉快轻松情绪，使幼儿在良好的精神状态中入睡；不要在睡前批评或恐吓幼儿，不要给幼儿讲激烈的、引起悬念的故事。

（4）幼儿起床后应将自己的被子掀开进行晾被，离开寝室后保育员应开窗通风10分钟以后再叠被子，以保证幼儿健康以及寝具、寝室的卫生。寝室内最好安装紫外线灭菌灯，经常对室内空气进行消毒。

（5）教师可以适当装饰幼儿寝室，利用棉花等轻柔的材料做成云朵作为吊饰，墙面上布置小动物或者人物的睡眠图案，营造睡眠环境的温馨感。

卫生、舒适、有序的幼儿园睡眠环境有利于幼儿的身心健康。如图2-37，教室的活动区和午睡区分为上下两层，在楼梯上贴上小脚印，帮助幼儿正确有序地爬楼梯，避免出现争抢和拥挤。如图2-38，在楼梯口放置鞋柜方便幼儿换鞋，让幼儿产生在家一般的舒适感，同时使幼儿养成穿拖鞋进入午睡区午睡的卫生习惯。

图 2-37　楼梯脚印设计　　　　　图 2-38　鞋柜摆放

7. 离园环节

离园环节意味着幼儿一日活动即将结束,意味着幼儿的生活起居和情绪状态即将展示在家长的面前,也充分体现出教师保教工作的细致程度。因此,良好离园环境创设应注意以下几点:

(1) 物质环境:活动室整洁有序,幼儿物品摆放整齐。

(2) 精神环境:幼儿保持愉快情绪,仪容整洁,衣着整齐,内衣束在裤子里。

良好的离园环境创设需要教师根据幼儿的年龄特点和个性表现进行有针对性的指导(图2-39)。例如师幼共同整理活动室,同伴间互相整理衣裤,中、大班幼儿整理自己的物品等。还可以总结一天中幼儿的表现,奖励幼儿小红花或小星星,鼓励幼儿继续进步。另外还可利用家园联系栏,将幼儿一日的活动、饮食、学习情况简明呈现,让家长清楚了解孩子在园一天的情况(图2-40)。

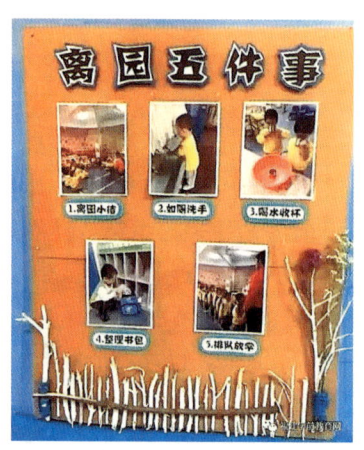

图 2-39　离园活动提示　　　　　图 2-40　幼儿一天活动记录

(三)根据幼儿年龄特点创设生活环境

1. 小班

小班时幼儿由熟悉的、以自我为中心的家庭生活转向陌生的、需要遵守规则的集体生活,他们年龄较小,生活经验欠缺,动作发展能力较差,带有明显的直觉性思维。因此,生活环境应为幼儿营造一种温馨、愉快的氛围,采用游戏的方式培养其生活自理能力,在生活环境创设上注重生活自理方面的暗示引导。例如图解洗手步骤（图2-41）；合理的作息时间安排；如厕步骤（图2-42）等。

图2-41　洗手步骤图　　　　　图2-42　如厕步骤图

2. 中班

中班幼儿活泼好动、好奇好问、动作发展比小班有明显提高，具备一定的自理能力和条件。因此，教师应创设稳定的生活环境，根据幼儿的自理情况设置科学的生活规则，充分发挥幼儿的主观能动性，重点突出幼儿的主动性和积极性，以及在生活中的动手能力。这不仅有利于幼儿形成良好的生活习惯和卫生行为，而且能提升幼儿的自我服务能力，产生为集体服务的意识。例如设置"大便后这样做"提示(图2-43)、制定值日生公约(图2-44)、张贴叠衣服练习图示（图2-45）等。

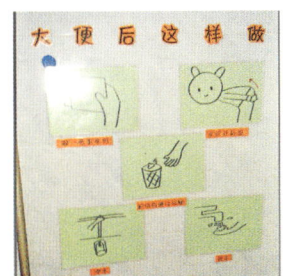  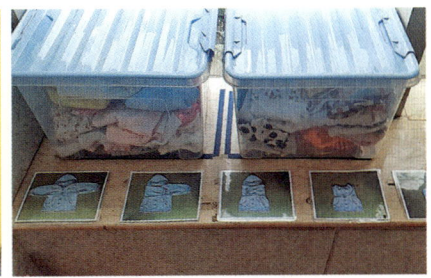

图2-43　大便后这样做　　　图2-44　值日生公约　　　图2-45　叠衣服练习

3. 大班

大班幼儿的大小动作发展明显优于中小班幼儿，生活自理能力明显增强；活动的自主性和主动性提高，活动更有计划、有目的；自我控制能力提高，自我评价能力逐步发展；规则意识逐步形成。他们对知识的理解能力迅速提高，产生了强烈的集体感和自尊心、好胜心。因此大班生活环境创设应以幼儿主体，教师在理解和尊重幼儿的基础上，多关心、鼓励幼儿，用积极乐观的心态感染幼儿，创造充满爱的氛围。同时在环境创设上多介绍生活方面的科学知识，鼓励幼儿主动完成生活常规要求，并启发幼儿对生活习惯和生活规则提出意见和建议，利用图片、提示等多种方式引导幼儿自主探索，进行自我管理。例如"我的牙齿小秘密"（图2-46）、"排便小妙招"（图2-47）、主动喝水、主动整理等。

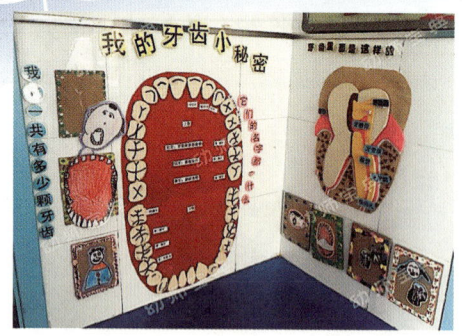

图 2-46　我的牙齿小秘密　　　　　　图 2-47　排便小妙招

拓展阅读

1. 温迪·科扎. 幼儿园班级环境创设和一日生活. 南京：南京师范大学出版社，2013.

2. 余冬梅. 幼儿园环境布置大参考：校园生活篇. 合肥：安徽美术出版社，2008.

实操练习

1. 请设计一个让幼儿早晨入园时感到愉快舒适的幼儿园生活环境。要求设计稿有实用价值，充满童趣，符合幼儿园生活环境创设的要求。

2. 为了让幼儿的睡眠更加香甜，你会怎样设计幼儿园生活环境中的午睡室？

3. 幼儿如厕是一个重要的生活环节，请设计一个关于小班幼儿正确上厕所的示意图，要求设计稿充满童趣，幼儿一看就懂，符合幼儿园生活环境创设的要求。

第三章 幼儿园主题环境创设

学习目标

1. 掌握幼儿园主题环境创设的相关的要求，了解幼儿园主题环境创设的方法。
2. 尝试根据幼儿园主题环境创设的基本知识点解读幼儿园环境创设。
3. 认真观察分析，对幼儿园主题环境创设感兴趣，积极思考并提出质疑。

思维导图

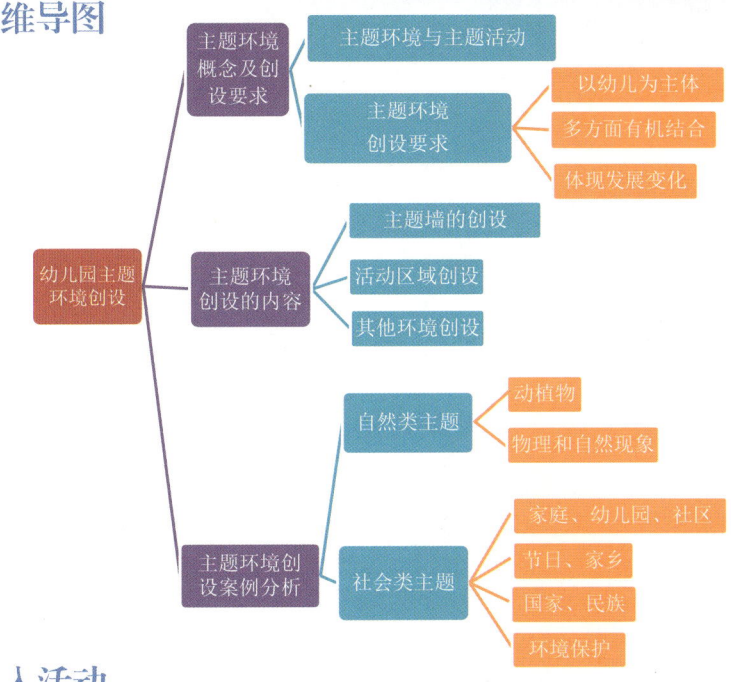

微信扫码获取

文本资料、环创
实例、拓展练习

导入活动

图 3-1　新年快乐主题墙

请同学们找一找，照片中的环境有什么特色？

以上环境是围绕着"新年"这个话题布置的，有"年是什么""新年祝福""年夜饭"三个板块，有灯笼、鞭炮做装饰，还有过年的游戏环境。这样围绕一个主题而进行的班级环境布置该怎样命名呢？

第一节　幼儿园主题环境概念与创设要求

苏霍姆林斯基曾说："教师要使墙壁也能说话。"《纲要》明确指出："环境是重要的教育资源，应通过环境的创设和利用，有效地促进幼儿的发展。"环境是一位不说话的老师，教师应该做的就是让幼儿充分与环境互动，成为环境中的主人。

幼儿园教学活动很难在"一节课"里让幼儿"尽兴"或挖掘出全部的教育内涵。这时我们就要利用环境资源，为幼儿深入学习提供条件。此时幼儿园主题环境创设就应运而生了。

一、幼儿园主题环境与幼儿园主题活动

幼儿园主题环境是指以幼儿园主题活动的开展为线索，根据主题开展的需要，教师与幼儿共同构思、创作、安排，创设与主题相关的教育环境。幼儿园主题环境包括主题墙、作品栏、墙饰、吊饰、区域游戏等幼儿园室内外环境的规划和布置。

幼儿园主题活动是指以一个中心内容即主题作为主要线索，打破学科或领域的界限，追随幼儿的生活和经验，借助于环境及多方资源，师生共同建构一系列预设和生成的活动，共同探究建构新知的一系列教育活动的总称。

幼儿园的主题活动能够让幼儿获得与主题相对应的较完整全面的经验，幼儿园主题环境创设主要是为幼儿园开展主题活动提供服务和支持，通过幼儿对环境的深入观察、主动探索、自主体验、有益尝试等实践活动，实现综合性的教育目标，促进幼儿的全面和谐发展。

二、幼儿园主题环境创设的价值

《纲要》第三部分"组织与实施"中第八条指出："环境是重要教育资源，应通过环境的创设和利用，有效促进幼儿的发展。"并从以下五个方面提出了环境创设利用的组织实施要求：

第一，有利于引发支持幼儿的探索活动；
第二，有利于充分发挥幼儿同伴和教师集体的教育资源；
第三，有利于体现教师的敬业态度和管理方式；
第四，有利于激发家庭参与幼儿教育；
第五，有利于扩展幼儿生活和学习空间。

幼儿园主题环境创设全面地体现以上五个方面的要求。例如，大班主题活动"树"把关于树的学习或活动项目、内容等按照时间、空间或者内在关系以网状形式表现出来，主题环境创设展示主题活动开展过程中的记录，充分发挥幼儿、幼儿家庭、教师群体的教育资源，共同参与到环境之中，帮助教师和幼儿清楚地看到整个学习过程，挖掘教育资源，促进家园互动，帮助幼儿扩展生活和学习空间。

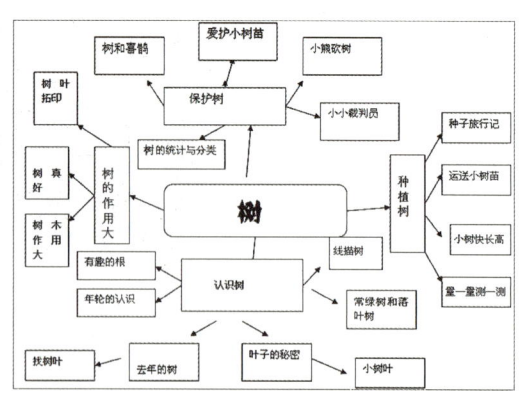

图 3-2　树

三、幼儿园主题环境的创设要求

1. 以幼儿为主体

"如果幼儿园的环境具有生机,幼儿的生命也将富有活力"。孩子是在与环境的相互作用中发展的,教师应创造条件让幼儿与环境不断互动,让幼儿真正成为环境的主人。目前很多幼儿园的主题环境创设基本都是根据教师主观意见设计和布置的,幼儿主动参与的现象较少,这样的主题环境创设是不利于幼儿发展的。

要让幼儿成为环境的主人,在环境创设时不仅要考虑幼儿年龄的适宜性,还应考虑幼儿的兴趣和需要。各个年龄段的幼儿身体和智力发展状况都不相同,在接受能力等方面自然也存在着差异,如果环境创设只从教师个人的想法和成人的审美出发,那么幼儿只是在被动接受环境的影响,谈不上任何主动性了。

例如小班幼儿刚入园时,是从家庭到新环境的改变。他们需要的是生活化的,犹如家庭一般温馨安全的环境。幼儿园一般会开展"我上幼儿园了""我爱我的幼儿园"之类的主题教育活动,幼儿园环境应展示出有趣、温暖、宽松的氛围。教师可以在门口创设一个心情站,贴上每个孩子的照片,每天幼儿来园时心情好就在自己照片旁边贴一个笑脸,心情不好就可以贴上一个哭脸,并且随时可以让孩子进行更换,这样老师能随时掌握每个孩子的情绪,孩子们也能够直观地面对自己的情绪,慢慢学会控制自己的情绪。很多孩子都从一开始的哭脸,慢慢变成了笑脸。可见,只有以幼儿为主体的环境创设才能真正帮助幼儿认识自己,发展自己。

2. 多方面有机结合

幼儿园主题环境创设虽然是在幼儿园内完成,是教师与幼儿之间互动交流的媒介之一,但需要与家长资源、社区环境紧密结合。

家长资源是幼儿园主题环境创设的重要支持。幼儿园合理利用家长的宝贵经验,帮助家长发现环境创设对幼儿成长的重要性,家长就会带领幼儿主动配合幼儿园做好主题环境创设的材料收集、知识扩展等工作,增加幼儿与环境的互动,更好地体现环境创设的价值。

社区环境是幼儿园主题环境创设不可或缺的重要条件。幼儿园合理利用社区资源,帮助幼儿发现身边各种各样的人、事、物,获得感性经验,为幼儿园主题环境创设提供丰富的素材。例如生活在江南水乡的幼儿,在老师带领下进行实地观察,多方位了解江南水乡的特点后,用水墨进行关于江南水乡的绘画。"江南水乡"的主题环境,呈现水乡记忆的同时展示江南水乡的意境之美,让孩子们充分体验中国传统文化,陶冶情感,促进其认知、想象及创造能力的发展(图3-3)。

图3-3 幼儿园墙面环境创设:江南水乡

3. 体现发展变化

幼儿园主题环境的内容不是一成不变、一劳永逸的,而是随着主题活动的开展不断变化。如不同的季节变化、不同的节日内涵、社区的发展等,使幼儿对环境产生浓厚兴趣,乐于亲身体验环境变化的趣味，在环境中获得有益身心发展的知识经验。例如江苏常州的地铁2号线即将开通，幼儿园附近的一个站点引发了孩子们的关注，他们开始讨论地铁开通后自己会怎样上学，开始交流自己之前坐地铁的感受：坐地铁回家会比开车要快；坐地铁不会堵车……也有很多孩子产生了疑问：地铁都是在地底下开的吗？地铁会掉头吗？怎样乘坐地铁……在交谈中关于地铁的话题也越来越多，越说越激烈。关注到幼儿的兴趣后，教师设计了"地铁来了"这个主题活动。随着主题活动的层层深入，主题环境完整地记录了幼儿的地铁探究之旅：幼儿对地铁话题激烈讨论，利用各种各样的材料，将地铁的修建放入结构游戏中，开展角色游戏（图3-4）；将幼儿对地铁的认识了解、坐地铁的情况以绘画的形式表现在主题墙里（图3-5）。

图 3-4　幼儿园主题活动创设：地铁来了　　图 3-5　幼儿园主题墙：常州地铁

幼儿园主题环境的发展变化还体现在师幼之间的互动合作上。在主题环境创设的过程中，教师与幼儿的讨论、幼儿与幼儿的交流、教师对环境布置的设想、幼儿的动手参与，使大家共同体验主题环境创设的辛劳和成就，加深了了解，增进了感情，同时获得了知识、能力等多方面的发展。例如幼儿园主题环境创设"青枫公园"就是根据幼儿对青枫公园的认识变化来布置的（图3-6）。

图 3-6　幼儿园环境创设：青枫公园

第二节　幼儿园主题环境创设的内容

幼儿园主题环境创设是为幼儿园开展主题活动提供服务和环境支持的。而幼儿园主题活动是根据教育活动目标进行设计和实施的。《纲要》指出：幼儿园教育活动内容的选择既适合幼儿的现有水平，又有一定挑战性；既符合幼儿现实需要，又有利于其长远发展；既贴近幼儿的生活来选择幼儿感兴趣的事物和问题，又有助于拓展幼儿的经验和视野。幼儿园主题活动是目前幼儿园普遍采用的一种课程模式，充分考虑幼儿的学习特点和认识规律，各领域的内容有机联系，相互渗透，注重综合性、趣味性、活动性，寓教育于生活游戏之中。

幼儿园主题环境创设如同一副"骨架"，将主题活动涉及的各个方面和一系列的活动呈现出来，留下教育的痕迹，给幼儿提供一个回顾已有经验、建构新知的线索和载体。幼儿园一般以幼儿经常接触到的自然与社会现象为主题内容，开展相关主题活动的同时进行主题环境创设。幼儿园主题环境创设的内容一般包括主题墙的创设、活动区域的创设、作品栏的创设等，还包括教学玩具和有关材料的提供、家园共育、区域活动指导。

一、主题墙的创设

1.主题墙的构成

幼儿园主题墙是指展示幼儿园主题活动开展思路和过程的墙面布置。它以图片、照片、文字、美工作品等形式记录和呈现，记录幼儿的探究过程，帮助幼儿梳理、积累主题活动中的相关经验，激发幼儿的学习和探究欲望，引发幼儿的思考。它具有装饰性、教育性、操作性等多种功能，不仅蕴含着幼儿学习、生活、游戏的内容，而且能增添幼儿园欢乐、亲切的气氛，陶冶幼儿的心灵。幼儿园主题墙布置，不仅在于教师给幼儿提供一个美观的外在环境，而且更重要的在于教师如何利用墙面，引导幼儿自然而然地投入环境，主动积极地与环境互动，获得多方面的发展。

主题墙应包括主题说明（图3-7），简要介绍开展这个主题活动的由来；主题网络图，网状结构表明如何结合主题进行五大领域的教育活动（图3-8）；主题活动过程呈现，以实物、图片、照片、作品等方式呈现主题活动的进展过程（图3-7）。从墙饰的变化中，清楚了解该主题的进展状况。

图3-7　主题墙：冬天来了

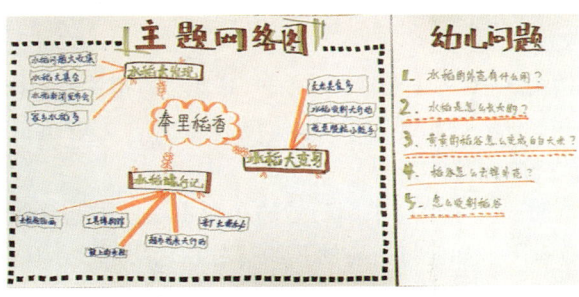

图3-8　主题网络图：奉里稻香

2.主题墙创设要点

（1）完整性。

主题墙作为幼儿开展活动的足迹呈现平台，教师在创设时要有全盘考虑的眼光，呈现的主题应该具有课程连续性。可以有三个主题安排：一个是刚刚过去的，但幼儿还有延伸或思考的活动；一个是正在进行的主题；另一个是将要进行的主题。在每一个主题中，教师要有选择地进行内容布置，主题要有脉络、有标题，让幼儿对主题有印象，让家长和老师明白主题活动是怎么开展的。

（2）互动性。

主题墙作为班级的一部分，随时和幼儿在进行着"沟通"与"交流"。主题墙上呈现的材料应该是教师和幼儿一起收集完成的，二者也参与到创设中来。这样既可以让幼儿关注主题墙，也可以让幼儿的智慧和教师共享。

（3）适宜性。

《指南》中艺术领域的两大目标是"感受与欣赏""表现与创造"。幼儿的每一件作品充满了童真童趣，表现他们的所思所想，作为教师应该给每个幼儿平等参与的机会。幼儿之间存在能力差异，有的孩子能力较强，制作出来的作品精致、美观，而有些孩子能力较弱，做出来的作品不够美观。那该怎么办呢？对于这样的情况，我觉得老师应调整策略，有的放矢，根据幼儿发展层次的不同，灵活地安排幼儿布置的内容，在幼儿有能力的基础上进行布置。能力弱的幼儿做不出美观的手工，那就放低要求，引导他们参与资料、图片的收集或者制作板块边框装饰，有效地调动每一位幼儿参与布置的积极性。当幼儿看到自己参与的劳动成果时，他们不仅获得成功的体验，而且也会主动去欣赏、领悟环境所蕴含的教育内容。

另外，主题墙应让幼儿触手可及。教师应注意尽量将墙饰降低到与幼儿视线相平位置，移开挡住幼儿视线的障碍，保证幼儿既能看到，又能触摸到墙饰，让幼儿可望又可及，能亲自参与布置主题墙，使主题墙真正发挥它的教育作用。

（4）艺术性。

主题墙应突出美术形式语言。教师在进行主题墙创设时应创造富有童趣的形象和明朗、活泼的环境氛围。流畅的线条，优美、淡雅的色彩，生动的造型，别致的构图，都会给人以亲切、舒适、喜悦的感觉，给予幼儿审美感受。

如图3-9的主题墙"我们都是好朋友"的参与者有幼儿、家长、老师。色调和构图以老师设计为主，布置得非常协调、雅致。主题墙内容则重点展示了幼儿作品，并附上了相关的文字说明。

如图3-10的主题墙"环保小卫士"的布置就考虑了幼儿的身高，让幼儿和老师可以一起动手布置。以教师为主导，幼儿为主体，采取疏密搭配的策略，围绕幼儿分布图画，均匀摆放，画面整体美观。

同时，主题墙应采用巧妙的布置手法。主题墙作为班级的一种"活动"墙面装饰，版面毕竟有限，如何将所有幼儿的智慧和想法都展示出来？这时教师应巧妙考虑布置的手法。不仅仅是将幼儿的作品、教学挂图进行张贴就是完成主题墙的布置，教师创意的设计需要考虑整个主题，采用何种图案装饰、怎样摆放幼儿作品等。例如图3-11的主题墙饰"图形宝宝"，为了使文字、内容、版面统一和谐，教师在文字下面衬托了各种形状KT板，也设计了一些漂亮的边框、线条加以简单装饰。其作用就是能从感官上带给幼儿有关线条、形状、色彩、构图等因素的刺激。教师还将幼儿的调查表以重叠的方式布置在主题墙上，让更多幼儿参与的同时也获得了较好的装饰效果。

图 3-9 幼儿园主题墙：
我们都是好朋友

图 3-10 幼儿园主题墙：
环保小卫士

图 3-11 幼儿园主题墙：
图形宝宝

3. 主题墙创设的注意事项

主题墙的创设不仅仅为了环境的美观。教师如果把时间、精力全都耗费在精雕细刻如包边、抠细节等琐事上，会给幼儿留下"你只可以看不可以碰"的印象，导致幼儿不敢与环境互动，而丧失环境的教育性。因此主题墙创设要注意以下几点：

（1）满足幼儿的兴趣需要。

在主题活动的开展过程中，教师应组织幼儿讨论主题内容，听听幼儿的想法和需要，根据幼儿的兴趣点布置主题墙饰，并允许幼儿在活动时根据自己的认知变化调整墙饰，使他们在此过程中成为建构自己知识的主角，让墙饰成为幼儿学习过程与结果的记录。如，在实施"秋天到了"主题时，有幼儿家长拍摄并带来了幼儿外公外婆在田里收割的影像。在教室播放后，幼儿对收割以及稻谷的生长非常感兴趣，于是生成了"丰收的田野"的板块，教师和幼儿用照片、图片和绘画的形式展示了农民播种、插秧、施肥、收割等劳动过程，并将其布置在主题墙上。这样的主题墙是幼儿想法的呈现，能激发幼儿对活动的关注，同时增加了与他人交流墙饰内容的兴趣。

（2）关注课程的目标要求。

主题墙是配合主题教育活动开展而设置的，因此教师在创设墙面环境时要以主题活动目标为主导，结合教学内容，引导幼儿积极参与构思、创作、安排，师生共同完成与主题相关的墙设。首先师生在开展主题活动的同时讨论墙设布局，然后由教师创作大背景，如树型网络图或其他背景，幼儿在其中丰富内容，使之体现幼儿的意愿、兴趣。例如，中班主题活动"动物王国"开展前，教师设计好主题活动方案，确定主题活动目标，引导幼儿探讨对动物的认识，发动幼儿收集各种动物的图片，关注身边或动物园中见到的动物，了解这些动物的特征及生活习性。同时，把自己想不明白的一些问题请爸爸妈妈帮忙写下来带到幼儿园，教师将图片、问题分门别类，稍加装饰形成了"动物王国"的主题墙饰。这样创设主题墙饰既体现幼儿主体性，同时又指向了课程目标。

（3）注重生活素材的运用。

主题墙饰是幼儿园环境的重要组成部分，对幼儿园主题活动的开展起着重要的推动作用。当今多数幼儿园都是以主题教育活动作为幼儿园核心课程，那么如何让主题墙呈现好的效果，充分激活幼儿学习动机，促进幼儿的全面发展呢？这就需要教师充分展示自己的教育智慧，重视生活素材的运用。

例如，大班主题活动"春夏秋冬"中教学目标明确提出：引导幼儿初步认识四季自然界和天气的变化；通过对四季的认识，幼儿能主动发现、体验并喜爱环境、生活和艺术中的美；幼儿能独立地表达自己对四季的感受与体验。教师不仅带领幼儿走进大自然里去感受，而且充分运用数字媒体，唤起幼儿对季节的认知经验，引导幼儿动脑动手找出四季天气的变化以及动植物的变化，画出《快乐的春天》《夏天的活动》《秋游》《美丽的冬天》等美术作品，充分表达对四季的理解。这些美术作品通过装饰规划呈现在主题墙上，有效加深了幼儿对四季的认识和理解（图3-12）。

图3-13中幼儿和教师就运用了生活中常见的树叶，采用夹的方式把树叶夹在主题墙上，幼儿不仅可以看、摸，还可以随时更换树叶，幼儿获取了信息的同时，又能随着主题课程的开展慢慢填充主题墙内容，作为主题经验的一种传递和渗透。

图3-12 幼儿园主题墙：春夏秋冬　　图3-13 幼儿园主题墙：秋叶飘

（4）重视"内墙""外墙"的结合。

主题墙可分为"内墙"和"外墙"两大部分，"内墙"一般是活动室内墙壁，随着主题活动的发展逐渐呈现的主题环境；外墙一般是活动室外走廊或者距离幼儿活动区较远的墙面，主要展示已经结束的主题活动。例如图3-13的主题墙"秋叶飘"就是布置在走廊上的外墙主题环境，很丰满完整，说明是已经结束的主题活动。"内墙""外墙"环境的结合，能有效促进幼儿获得与主题相对应的、较完整全面的经验。

陈鹤琴认为："环境的布置要通过儿童的大脑和双手。通过儿童的思想和双手所布置的环境可使他们对环境中的事物更加认识、更加爱护。"幼儿是主题墙创设的主体，只有充分发挥幼儿的主体地位，引导幼儿参与板块制作，才能让主题墙发挥其独特的魅力。

二、活动区域的创设

活动区域是教师利用游戏特征创设情境，让幼儿以个别或小组的方式，自主选择、操作、探索、学习的游戏环境。活动区域是促进幼儿全面发展，贯彻"以游戏为基本活动"精神的重要物质条件，也是主题环境创设的重要组成部分，需要在进行主题活动时认真思考，如何使活动区域与主题活动紧密结合，充分发挥教育作用。

1. 活动区域环境随主题活动的内容变化而变化

各个活动区域环境创设要随着主题活动内容变化而变化，能够支持主题活动开展，补充集中教育活动的内容，延伸和扩展主题教育的广度。例如，大班主题活动"春夏秋冬"，可以在美工区投放幼儿收集的各个季节的照片，幼儿根据照片进行绘画；在科学区投放"四季图卡"，让幼儿根据季节名称匹配相应的季节特征图片，感知各个季节的不同特点；在生活区投放不同季节的所需物品，让幼儿进行匹配；在语言区投放与季节相关的故事书、故事图卡等，让幼儿阅读、编讲故事；在表演区投放与各个季节相关的动植物头饰，让幼儿表演等。

2. 活动区域应创设符合幼儿兴趣需要的游戏情境

游戏是幼儿的基本活动。幼儿喜欢将一切活动视为游戏，在游戏中积累生活经验，发挥想象力、创造力和动手能力。教师在创设活动区域环境时，应根据主题活动要求创设符合幼儿兴趣需要的游戏情境，让幼儿在游戏中获得快乐体验。例如在小班主题活动"我的家"背景下，教师创设角色游戏区"娃娃家"，投放各种幼儿用厨房用具、生活用品、家用电器玩具，让幼儿扮演家庭中的某个角色，模仿角色动作，丰富情感体验，学习与同伴相处，发展想象力和解决问题的能力。

3. 活动区域应突出环境的隐形指导作用

区域活动强调幼儿选择和进行活动的自主性，因此教师指导必须适时、适度、适当。这是指教师在进行提示和指导时既不会干涉幼儿游戏，又能提醒幼儿注意游戏规则。例如阅读区环境创设，教师与幼儿共同设计相关规则，并用绘画形式表现出来，让每个参加游戏的幼儿都能及时看到规则，遵守规则（图3-14）。

图 3-14　阅读区域环境

三、其他与主题环境相关的创设

1. 教玩具及相关材料提供

教玩具及相关材料是开展主题活动必不可少的物质条件。教师利用教玩具与相关材料，给幼儿创造动手动脑的机会，促进幼儿的全面发展。幼儿园教师应根据主题活动的内容要求提供适宜的教玩具及相关材料。例如图3-15的建构游戏环境中添加生活中常见的KT板、纸盒、纸杯等，幼儿可以尽情地建构想象中的高楼大厦、马路街道。

2. 家园共育环境创设

家庭是幼儿园重要的合作伙伴。主题环境的创设要能引发家长的关注，体现家园共育的价值。教师

图 3-15　幼儿园区域环境：搭建公路

可以根据主题活动的需要在"家长园地"中发布通知（图3-16、图3-17），请家长和孩子一起收集相关材料，开展相关活动后布置到主题墙中。例如中班主题活动"我长大了"，教师先积极发动家长找出幼儿小时候的衣服鞋帽和玩具用品，和幼儿说说小时候的趣事，并记录下来带到幼儿园，作为社会活动"我是怎样长大的"教学资料。在社会活动结束后，

教师将幼儿表现的照片、家长的记录等布置到主题墙中，加上一定的文字说明，家长也可以看到幼儿园主题活动的开展过程，能更科学地了解幼儿教育，提高教育能力。

图3-16　幼儿园家长园地（1）

图3-17　幼儿园家长园地（2）

第三节　幼儿园主题环境创设案例与分析

幼儿园主题环境创设主要分为自然类主题与社会类主题。以下分别列举一些案例，供同学们学习参考。

一、自然类主题

1. 动植物

（1）主题活动内容选择。

教师应按照幼儿园小中大班不同年龄段的不同要求选择不同的主题活动内容。小班可以选择小鸡、小鸭、小狗、小猫、小鱼等身边常见的家禽兽类；中大班可以选择动物园内见到的动物或者幼儿通过网络、媒体等看到的珍禽异兽。在选择动物主题的时候，最好能把当地的地理位置、当时的季节要求考虑进去，注意幼儿的兴趣需要和认知特点。

（2）动植物主题环境创设案例与分析。

> **小班主题活动"动物乐园"班级环境创设**
>
> 主题说明：
>
> 喜爱动物是幼儿的天性，小动物们不时地出现在有趣的故事里、好听的儿歌里、好玩的游戏里，它们生动有趣的形象深深地吸引着每一个孩子。他们喜欢与动物为伍，常与动物对话，喜欢聆听动物故事，喜欢翻看各种动物卡片和图书……在平时活动中，孩子们很喜欢模仿动物的叫声，学动物走路，甚至扮演动物做游戏。一谈到动物，孩子们的话匣子打开了，千变万化的动物世界总是能够引起孩子的注意。因此设计"动物乐园"主题，引导幼儿在游戏、饲养活动中，认识各种常见动物，了解其外形特征；同时学习用多种方式表达自己对动物的喜爱。

主题目标：
（1）愿意说出自己认识的小动物，用自己的语言描述其特征。
（2）尝试用自己的方式（舞蹈、绘画、歌唱、动作等）表现自己对小动物的认识与喜爱。
（3）感受动物的生长过程，激发对小动物的喜爱之情，知道在日常生活中要保护动物。

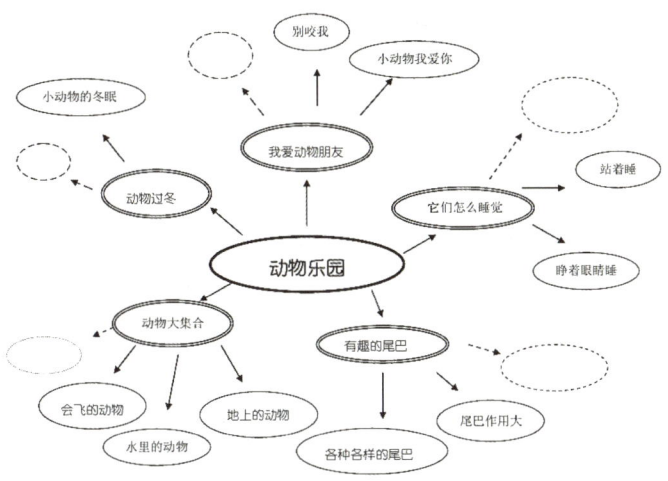

图 3-18 "动物乐园"主题网络图

讨论：主题网络图中实线圆和虚线圆的意思是什么？为什么要这样设计？

主题墙：

图 3-19 幼儿园主题墙：动物乐园

活动区环境：

图 3-20 益智区：动物小侦探　　图 3-21 建构区：动物乐园　　图 3-22 美工区：动物小吃货

图 3-23　表演区：动物小游侠　　　　图 3-24　图书区：动物书吧

评析：

本主题环境创设从幼儿角度来考虑，尽可能提供各种操作性、探究性的环境来满足幼儿不同的需要。基于此种理念，我们围绕主题活动内容，设计与之相吻合的主题墙或活动情境，布置活动区角；强调环境的"中介和桥梁"作用，要能物化目标、物化内容。在实施中，教师鼓励幼儿和家长参与环境的创设，以实施环境与课程、教学、幼儿以及家长之间的多元互动，实现"环境"与幼儿、教师、家长的不断"对话"。

2.物理和自然现象

大自然是孩子最熟悉的游戏场，孩子们对自然界中常见的现象有着浓厚的兴趣。风雨雷电、春夏秋冬、冰雪雾气等都可以为班级环境创设提供主题线索。各个年龄段都可以根据孩子的实际兴趣点进行环境创设。

中班主题活动"秋天多么美"班级环境创设

主题说明：

十月是丰收的时节，自然界发生了许多变化：草儿黄了，树叶落了，果子熟了，天气凉了，着装数量增加了。孩子们经常好奇地问，为什么爸爸妈妈不给我吃冰激凌了？为什么要穿厚衣服了？于是教师设计了主题活动"秋天多么美"，让孩子们发现自然界的变化，感受秋天的美。

主题目标：

（1）能运用各种感官和途径了解秋天的特征，知道秋天是一个美丽和丰收的时节。

（2）感受、梳理秋季明显的季节特色，观察动植物的变化，欣赏秋季特有的景色。

（3）能用说、朗诵、唱、跳、绘画、制作、剪贴等各种方式表征秋天，体验创作的快乐。

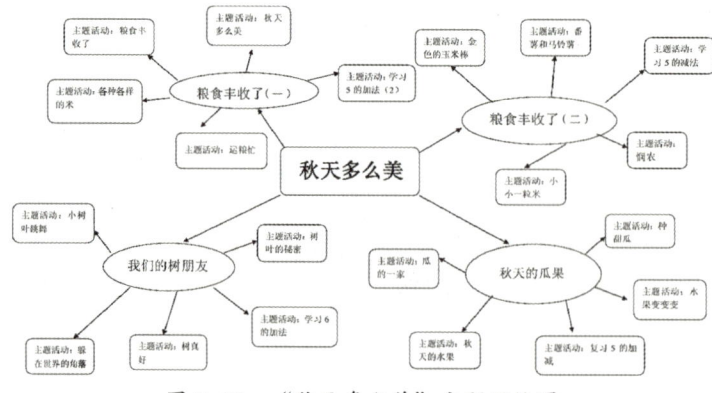

图 3-25　"秋天多么美"主题网络图

主题墙：

图3-26 幼儿园主题墙：多彩的秋天

图3-27 益智区：动手动脑

图3-28 角色区：流感医院

图3-29 音乐区：秋天的声音

图3-30 生活区：秋天首饰店

评析：

利用班级空间，布置了一个让幼儿可以观察、讲述、记录的主题墙，有秋天的水果、蔬菜、景色，还有幼儿亲身感受秋天的照片，丰富幼儿的生活经验，感受秋天的到来。根据主题活动的开展，幼儿在自己设计的环境中，感受周围环境的变化，这也为幼儿提供了探索、交流的广阔空间。

二、社会类主题

1. 家庭、幼儿园、社区

大班主题活动"准备上小学"班级环境创设

主题说明：

六岁，是幼儿迈向小学的里程碑。经过三年幼儿园的学习和生活，大班幼儿即将告别老师和同伴，进入下一个阶段的生活。在这个主题中，我们将和幼儿一起回味他们的成长经历，他们的成长的快乐，向自己的六岁、也向幼儿园告别。同时模拟小学生活，激发他们上小学的美好愿望。

主题目标：

（1）熟悉、了解如何爱护和正确地使用学习用品。
（2）逐步习惯独立整理和保管好自己的物品。
（3）初步了解小学生的学习或活动，向往当个小学生。
（4）模拟小学生的生活，初步感受小学生的学习活动。
（5）体会自己已经长大，并能以愉快的心情迎接毕业。

图 3-31 "准备上小学"主题网络图

主题墙：

图 3-32 幼儿园主题墙：准备上小学

活动区环境：

图 3-33 建构区：多功能游戏架

图 3-34 益智区：四色棋盘

图 3-35 美工区：黏土纸雕

图 3-36 科学区：看谁爬得快

评析：

幼儿自己提出有关小学的问题，自己设计"了解小学"的方案，并大胆实践，通过墙饰设计表达丰富的情感，解答心中的各种疑惑。幼儿在利用各种途径寻求知识、丰富经验的过程中，各方面能力得到发展，他们以主人的身份参与了整个环境的改变，满足了探究的需求，也对小学生的生活、学习有了更多的了解。当墙面作为作品展示空间出现在幼儿面前时，是一种信息的传递。这种信息作用于幼儿头脑中继而碰撞出新的生活经验，看到自己的成果能够与更多的小朋友分享，他们是多么激动和开心，这也意味着真正成为学习的主人。

2. 节日、家乡

大班主题活动"壁角壁落转常州"班级环境创设

主题说明：

教师设计的游戏环境"老常州"风貌引起了孩子们的关注，他们逐一辨认着每一个区域的新名称——"常州糕团店""文亨桥""梳篦馆"……新的教室环境引发他们用不同的方法演绎自己对常州老风俗的理解与认识。由此，我们根据当前孩子议论的兴趣话题，生成主题活动"壁角壁落转常州"，对幼儿进行民俗传统与风土人情的教育，以继承和发展家乡的游戏文化遗产，激发他们对家乡的热爱之情。

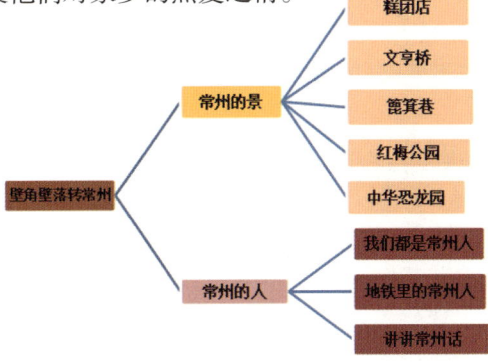

图 3-37 "壁角壁落转常州"主题网络图

主题目标：

（1）了解老常州的相关历史，了解常州老风俗的种类，知道它们在现实生活中的作用。

（2）能用自己喜欢的方式和连贯的语言大胆表达自己所见、所听、所感受的老常州特征。

（3）感受老常州传统文化和现代文明交相辉映的"龙城风貌"，进一步增强热爱家乡的情感。

活动区环境：

图 3-38　主题墙：壁角壁落转常州　图 3-39　角色区：大观园茶楼　图 3-40　美工区：江南布衣坊

图 3-41　角色区：常州糕团店　　图 3-42　角色区：常州梳篦馆

评析：

为幼儿创设环境，搭建平台。在这个环节中，通过欣赏家乡景点实景照片，回忆游玩的过程和观赏带回来的东西，让幼儿好似又回到了游玩时的那种喜悦的场景，把游玩的画面得以全面地呈现，幼儿学得轻松、透彻。通过教师的解说，大大激发了幼儿活动的兴趣，达到了这一环节的引导作用。在区域自由活动中，幼儿担任自己所拍照片中景点的解说员，幼儿们之间自由讨论，品尝家乡的特产，大大提高了幼儿学习的积极性和主动性，加深了幼儿对家乡的热爱、对祖国的热爱。

3. 国家、民族

大班主题活动"自信的中国人——太空世界"班级环境创设

主题说明：

2008年9月25日，翟志刚等三名宇航员驾驶中国自行研制的航天飞船——"神舟七号"，顺利飞上太空，翟志刚也成了我国太空漫步第一人。随着"神舟七号"的升空，幼儿对太空世界的想象和兴趣达到了顶峰。幼儿每天总会谈及这一话题，幼儿的想象和兴趣不能简单地让它停留在口头上，应提供更多的机会让幼儿去感受、体验。因而开展了"自信的中国人——太空世界"主题环境创设。

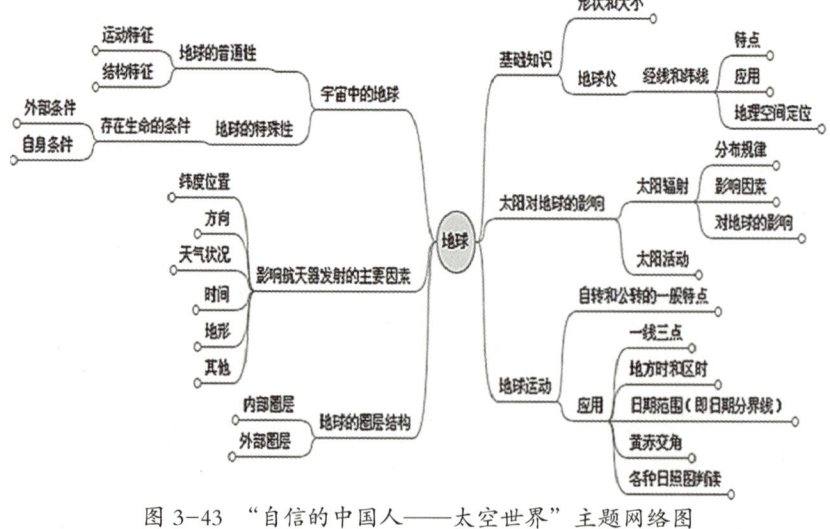

图 3-43　"自信的中国人——太空世界"主题网络图

主题目标：

1. 知道升旗的礼仪，增强尊敬国旗、爱护国旗的责任感，了解中国的民族文化，激发幼儿热爱祖国的情感。

2. 了解祖国的伟大发明和重大成就，对航天科技有浓厚的兴趣。

3. 能积极主动参加劳动，做事有条理并注意效果。

4. 关注祖国的发展，激发幼儿的民族自豪感。

主题墙：

图 3-44　幼儿园主题墙：自信的中国人——太空世界

活动区环境：

图 3-45　表演区：气象站　　　　图 3-46　建构区：星际家园

图 3-47　美工区：梦幻太空　　　　图 3-48　角色区：太空舱

评析：

开展"自信的中国人——太空世界"的科学主题环境创设活动，幼儿能积极主动地探索太空知识，认识了几颗人造卫星及宇宙飞船，了解了它们的功用，对太空世界有了更进一步的认识；并能够展开想象，用不同的方式设计制作太空飞行器及物品，幼儿对科学探索有了积极的情感和正确的态度，也激发了幼儿作为中国人的自豪感。

4.环境保护

大班主题活动"环保小卫士"班级环境创设

主题说明：

近年来，雾霾现象越来越严重，常常由于空气污染严重，幼儿不能去户外玩耍。有一天早上，幼儿又不能去户外了，这时他们忍不住问道："为什么会有雾霾啊？是空气里有毒气吗？"教师抓住这一契机，开展"环保小卫士"主题教育活动，让幼儿了解雾霾的形成原因，帮助幼儿从爱护本班的小环境开始，树立环保意识，珍爱地球，低碳生活，共建一个绿色的家园。

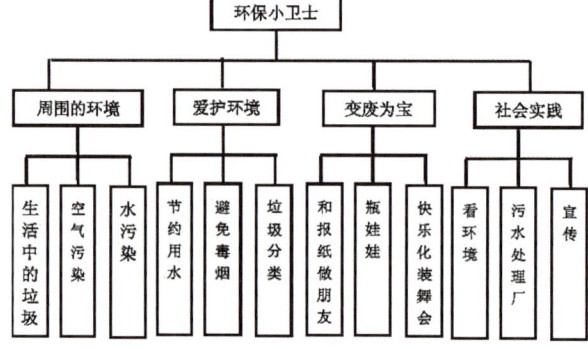

图 3-49 "环保小卫士"主题网络图

主题目标：

（1）善于观察，了解、感知环境的状况与人们的关系，知道一些环境污染的原因。

（2）能积极利用各种废旧材料进行合理创造，有变废为宝的意识。

（3）关注周围环境，树立爱护周围环境的意识，并乐意用自己的行为积极保护周围环境。

主题墙：

图 3-50 幼儿园主题墙：环保小卫士

活动区环境：

 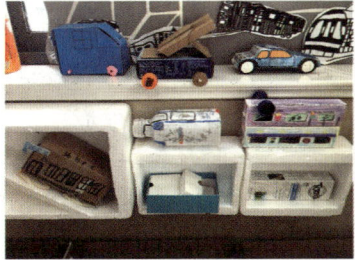 

图 3-51　玩沙区：沙盘乐园　　图 3-52　美工区：废旧纸盒创意区　　图 3-53　图书区：修补图书

评析：

本次主题"环保小卫士"环境创设，主要带领幼儿利用废旧纸盒进行再创造，制作出新的作品。同时在修补图书、有趣玩沙游戏活动环境中，体验环境保护的重要性。

教师资格证面试中关于主题绘画备考建议

教师资格证面试中以简笔画为考察内容，常以主题画的形式出现，因此考生在备考时需注意以下几点：

1. 储备元素，丰富画面

要快速完成一幅幼儿主题活动绘画，考生必须储备丰富的绘画元素。因此，建议考生储备、收集各种类型的主题，例如动物、人物、风景、物品等。

2. 合理构图，提升技能

在掌握各种绘画元素的基础上，考生还需合理安排构图，避免画面凌乱。常见的构图形式有中心式构图和并列式构图等。构图时，考生需要注意凸显主题，如"美丽的花园里"这一主题，可以各种各样的花为主要元素，采用并列式构图，也可以"小蜜蜂采蜜"为主体，采用中心式构图方法。

江苏省师范生基本功大赛中关于环境创设项目的案例

江苏省师范生基本功大赛中环境创设项目：参赛选手在8K素描纸上绘制出指定主题的主题墙设计稿。要求主题鲜明、造型优美有童趣、色彩与幼儿园教育环境相符、构图独特新颖有创意、巧妙空出幼儿参与主题活动的位置。以下为大赛选手的部分练习稿：

图 3-54　环创稿：大家来运动　　　　图 3-55　环创稿：我要上小学了

图 3-56　环创稿：我爱家乡　　　　图 3-57　环创稿：奇妙的色彩

拓展阅读

1. 隋玉玲. 幼儿园主题活动环境创设. 福州：福建教育出版社，2018.
2. 茱莉亚·布拉德. 0—8 岁儿童学习环境创设. 南京：南京师范大学出版社，2014.
3. 崔岚，许玼. 孩子眼前一面墙. 上海：华东师范大学出版社，2018.

实操练习

参考江苏省基本功大赛的环境创设项目案例，在 8K 素描纸上设计绘制以"秋游"和"运动会"为主题的两幅主题墙设计稿。要求主题鲜明、造型优美有童趣、色彩与幼儿园教育环境相符、构图独特新颖有创意、巧妙空出幼儿参与环境的位置。

第四章 幼儿园区域游戏环境创设

学习目标

1. 知道幼儿园室内区域游戏环境的基本内涵、种类、规模以及创设要点；了解幼儿园户外区域游戏环境创设的意义和原则、创设要点以及常见的户外游戏区域环境创设的相关要求。

2. 根据区域游戏环境创设的要求和美工相关知识进行区域环境的设计制作。

3. 观察见习幼儿园区域游戏环境创设的实例，比较分析，引发思考。

思维导图

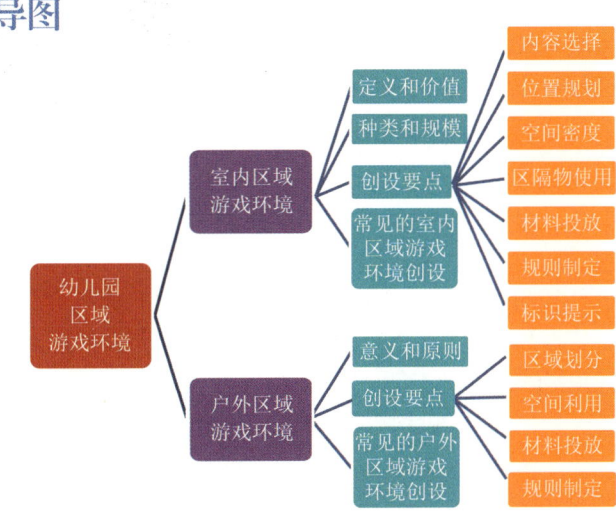

导入活动

请同学们找一找学前教育相关规定中关于游戏活动的规定。

《规程》中指出，幼儿每日户外活动的时间不得少于2个小时，寄宿制幼儿园不得少于3个小时。《指南》中提出："幼儿的学习是以直接经验为基础，在游戏和日常生活中进行的。""要珍视游戏和生活的独特价值，创设丰富的教育环境，合理安排一日生活最大限度地支持和满足幼儿通过直接感知、实际操作和亲身体验获取经验的需要。"说明游戏具有重要的教育价值，是幼儿学习与发展的主要途径，而丰富的游戏环境是幼儿实现与周围环境互动，满足幼儿操作摆弄、探究学习的有力保障。

学前教育专业的目标是培养优秀的幼儿园教师，而对于幼儿园教师来说，规划设计好本班级的游戏环境，充分利用一切可利用的资源，设计布置好班级各个活动区，保证区域游戏活动正常开展，是每个学期的重要工作，也是幼儿园教师重要的专业能力之一。

微信扫码获取

文本资料、环创实例、拓展练习

第一节　室内区域游戏环境

《纲要》中提出：幼儿园的空间、设施、活动材料和常规要求等应有利于引发、支持幼儿的游戏和各种探索活动，有利于引发、支持幼儿与周围环境之间积极的相互作用。丰富的游戏环境使幼儿更为愉悦放松，能更长时间保持学习兴趣，提高主动性和专注力，自信心也不断增强，从而促进潜能的发挥。游戏环境还促进了幼儿与幼儿之间、幼儿与教师之间的合作和交往，这些交往对于幼儿的社会化发展具有重要意义。

图 4-1　典型的室内区域游戏环境

一、室内区域游戏环境的定义和价值

1. 区域游戏环境的定义

区域游戏环境也叫区域活动环境，指的是运用活动室、睡眠室、走廊及其他场地来设置各种区角，依据教育目标、幼儿的兴趣爱好和发展需要以及主题活动的开展过程，在各个区域提供并投放相应的设施和材料，为幼儿创设的分区活动的场所。一般把活动室划分为若干个区域，把幼儿活动材料按类别分别放入这些区域，并设有若干个相对固定的半封闭区域。区域游戏环境的设置具有开放性、可操作性、灵活性等特点。

2. 区域游戏环境的价值

（1）鼓励幼儿主动活动。

区域活动突破了传统教育中教师把知识灌输给孩子，幼儿处于被动、静止状态的局面，通过教师设计、提供给幼儿操作的环境特别是各种游戏材料，让幼儿主动和环境相互作用。教师设置的各个活动区、为活动区提供的游戏材料可以被看作是幼儿自主活动的实际对象，因此活动区材料就成为幼儿主动活动的物质基础。只有具备了这样的物质基础，幼儿的主动活动才能落到实处。

（2）促进幼儿的自主选择。

幼儿园设置的活动区通常包括生活区、美工区、数学区、科学区、益智区、表演区、娃娃家、种植区等，为幼儿自主选择提供了广泛的空间，可以满足幼儿的兴趣需要和个性特点。活动区域同时还应表现出层次性：材料难易程度的不同、活动内容的不同等，进而满足不同幼儿自主选择的需要。

（3）增进幼儿的相互交流。

幼儿在同一活动区的活动可以看作是有共同兴趣爱好和发展需求而聚拢起来的小组活动。这时幼儿会在有意无意间关注同伴的一言一行，因此来自同伴的激励和启发往往比教师的说教更能激起幼儿的求知欲望和探索精神，从而使幼儿获得多方面的发展。在区域活动中，幼儿之间的相互观摩、学习、启发和激励是经常性的，是区域活动的必然，也是幼儿不断进步、不断提高的重要推动力量（图 4-2）。

（4）引发幼儿的持续探索。

幼儿初步的创造意识是在不断操作实际物体的活动中萌发的，幼儿初步的创造能力也是在不断操作实际物体的活动中发展的，亲自动手动脑，持续不断的实践活动是幼儿创造活动的起点。从这个意义上，幼儿园区域活动为促进幼儿的持续探索从而促进幼儿创造意识的萌发和初步创造能力的发展提供了广阔的空间和无限的机遇。

图4-2　幼儿在区域游戏中相互交流经验

二、区域游戏环境种类和规模

1. 区域游戏环境种类

幼儿园每一个区域游戏环境都是教师根据既定的教学目标及幼儿的发展特点，有目的、有计划地运用环境中的各种要素，为幼儿创造出来的具有教育功能的环境。常见游戏区域环境有：角色游戏区、建构游戏区、表演游戏区、美工区、益智区、阅读区、科学、自然角等。美工游戏区、建构游戏区、益智区可以固定，同时保留无特定功能的活动区，由幼儿自行开展游戏。角色游戏主题除了托、小、中班可以设置相对稳定的"娃娃家"外，其他主题不需长期固定，但需提供幼儿进行各种主题游戏的玩具、替代物和空间。

2. 区域游戏规模

区域游戏的规模不是越大越好，而是要根据幼儿园的自身条件和幼儿年龄特点而定，一般5—6个比较适宜。小班幼儿处于平行游戏阶段，因此同种类的游戏区域可以多一些，例如设置2—3个娃娃家。中大班幼儿处于联合游戏或合作游戏阶段，游戏区域的规模应该小型而多样，让幼儿有多种选择，提高游戏水平。游戏区域的数量要根据室内的场地面积大小来确定，确保游戏人数不能超过活动区的承受范围。区域设置过多会造成室内空间的拥挤和混乱，过多的人数也会影响区域活动的质量。

三、室内区域游戏环境创设要点

1. 内容选择

室内区域游戏环境应根据幼儿年龄特征、生活经验和兴趣需要来选择内容。小班幼儿的注意力和稳定性比较容易受到外界干扰影响，区域的独立性和封闭性要高一些，区域游戏内容主要围绕语言、动作、情感和行为规范的养成，因此可以选择娃娃家、积木区、音乐区、美工区、阅读区等区域游戏内容。中班幼儿知识经验逐渐丰富，好奇心强、乐于动手，区域游戏可增加难度高一些的内容，如益智区、建构区、角色区、表演区等。大班小朋友的游戏可侧重于思维、探究能力的培养，因此可以设置建构区、数学区、电脑区、科学区等，游戏区域可以设置得开放一点，便于丰富活动形式和区域之间的交流协作。

2. 位置规划

区域游戏环境的位置规划应以有利于幼儿活动为原则，保证每个区间的道路畅通无阻，避免在去卫生间、取水换水、变换区域时产生拥堵、碰撞等情况。位置规划还要注意相邻的游戏区域不能因为噪音而相互干扰，应考虑每个区域的活动属性再做出相应的位置安排，比如阅读区、数学区等活动量较少，区域相对安静，这一类区域应和建构区、表演区等声音较大的区域分隔开，以免产生干扰。美工区需要用水，应该离水源近一些；美工区、阅读区应规划在光线充足的位置（图4-3）。科学区、数学区需要光线充足，有时还要将活动内容延伸到户外进行，因此可以选择朝阳并接近户外的场地。

图4-3 光线充足、舒适的阅读区

3. 空间密度

空间密度是指每一个儿童在游戏环境中所占的空间，它反映了室内的拥挤程度——数值越低，表示儿童所拥有的人均空间越小，即环境越拥挤；反之，数值越高，表示儿童所拥有的人均空间越大，即环境宽松。空间密度应保持在适当范围内。增大空间密度会增加运动的想象性游戏和打闹嬉戏的发生频率；减小空间密度，则会产生更多安静的社会性游戏和结构游戏。可以根据幼儿的游戏行为判断空间的拥挤程度，以调整空间。

一般一个游戏区域以容纳4名左右的幼儿比较适宜。也可以设置不同大小组群活动的区域，包括只容纳1—2人的私密空间，容纳3—5人的小组群空间，5—7人的大组群空间，以及适合10人以上团体性游戏的空间。实际可依据幼儿活动的特点对区域的数量和大小进行调整。

人到哪里去了

某幼儿园的教室面积太小，因此给教师带来了许多麻烦。长期以来，园长常常听到教师们抱怨班级里"人多地方小"，教室里闹哄哄的，游戏也无法正常开展。这年暑假，幼儿园终于等来了大规模的改建，每个教室的面积都比原来大了一倍，宽敞而明亮，教师们用柜子把教室分隔成了七个不同的活动区，以便幼儿能自由地选择自己感兴趣的活动。开学不久，园长就听到了教师的一片叫好声：

教师甲：教室空间大了，感觉中幼儿的声音就轻了许多，教师不必大声阻止，教室里就显得很安静，多好啊！

教师乙：如今做游戏，幼儿四面一散开，各自埋头做自己的游戏。他们之间的矛盾争执明显减少了，我真的省力多了。

教师丙：教室大，就是好！我的眼前不再是黑压压的一片，忙都忙不过来，现在我可以在角落中安心观察几个幼儿游戏了。

教师丁：教室面积一大，游戏时似乎幼儿人也看不见了，我真的少了好多事。

讨论：从上面教师的对话分析空间变化对幼儿游戏行为的影响。以上游戏行为的变化对幼儿发展有哪些正反两方面的影响？从幼儿全面发展的角度出发，你会怎样安排这个大教室？

4. 区隔物使用

每个区域之间要相对独立,界限要清晰,防止幼儿在活动中"串场"。合理地运用玩具柜、书架、地垫、走廊等对区域进行分隔,使幼儿对各活动区的材料一目了然,便于选择(图4-4)。区隔物一般选用轻便、灵活的物体,便于随机进行区域之间的合并和分隔,根据需要来调整空间。

图4-4 合理运用柜架进行活动区分割

针对区域活动的不同和使用区域的幼儿年龄段的不同,区域分隔应做出不同的设置。阅读区应该独立性和封闭性高一些,保证阅读区的环境能够满足幼儿安静看书的需求。美工区、娃娃家应该适当开放一下,方便取水换水。活动区域的过道要清晰,过道的大小要适中。

5. 材料投放

游戏区的材料投放是一项有难度的工作,投放的难度主要体现在材料不仅要迎合幼儿的兴趣需要,保持幼儿的探究兴趣,还要求最终的探究结果要与教学目标相一致,有效促进幼儿的全面发展。因此在材料投放上要注意以下几点:

(1)丰富性。

每个游戏区域都应该提供足够数量且形式多样的材料,能够让幼儿根据自己的喜好自由地选择合适的材料。材料的丰富性包含两个方面的含义,一是指不同的活动内容投放不同的材料;二是指同一个活动内容投放多种材料。要注意材料的投放数量也并不是越多越好,过多的材料和玩具也会让幼儿陷入选择困难。这里的丰富更多是指能够满足幼儿区域活动的需要,而不是单纯材料数量的多少。

(2)目的性。

材料投放的目的性要明确,符合环境创设与教育目的一致性原则。教师要明确了解各个活动区域中的材料所隐含的不同教育功能,有效地将不同材料的教育功能与教育目的对应起来,引导幼儿进入相应的区域活动,通过操作材料在活动的过程中逐步达成教育目标。教师要充分发掘不同的材料在不同区域的多种教育功能,不断提高材料投放的目的性。

(3)层次性。

不同年龄段的幼儿身心特点不同,参与的活动形式和内容不同,所要达成的活动目标也不一样,这些都要求材料在投放的时候要各具特点、不断调整以满足不同层次、不同需求的幼儿。同一个年龄段的幼儿也存在个体差异,投放材料也要有个别差异。教师在选择、投放材料时,还要充分考虑幼儿能力的发展阶梯、材料的难易程度,按照由浅入深、由易到难的坡度要求分解出若干个与幼儿认知对应的层次,这个层次也要符合教育目标的要求。幼儿只有在符合自己认知特点、实际能力的活动中才能积极主动地向前发展。

(4)启发性。

投放的材料中要包含一定的线索,对幼儿操作材料、完成活动具有启发性的帮助,这样才能激发幼儿主动参与操作,获得经验。材料和材料之间也要有某种程度的联系,能够引导幼儿通过相关联的活动内容的学习达成教育目标。教师规定的材料操作方式、操作范围对幼儿也要具有一定的引导和启发作用。材料具有启发性，才能有利于幼儿创造能力的发展。

（5）安全性。

幼儿在进行区域游戏活动的过程中会与材料有直接的接触，因此，确保材料的安全性是教师选择和投放材料时必须要考虑的事情。无毒、无害、无污染、清洁卫生是必备条件。中大班材料中会涉及大量的废旧物品和半成品的操作，在投放之前一定要注意其材质并做好清洗消毒的工作。小班材料中，尽量少使用小颗粒状材料，如纽扣、弹珠、玻璃球等，避免幼儿误食或塞进耳朵里。

6.规则制定

任何活动都要有相应的活动规则，规则是区域活动顺利进行的重要条件，只有在规则明确并执行到位的前提下，幼儿才能更加自由有序地活动、游戏和学习。活动区制定的相关规则必须简单、少量、明确、切实可行且适合幼儿的年龄。一般来讲，区域的规则包括以下几个方面：

（1）使用时间规则，即区域活动何时开始、何时结束。教师可以选用某个乐曲慢慢帮助幼儿建立一种条件反射，遵守乐曲提示的约定。

（2）每个区域可以容纳的人数。教师可以采用插卡、挂牌、数字牌、鞋子印码、围裙、套袖等帮助幼儿明确每个区域可以容纳的人数，先来的先玩，人数满了，就不能再进去，可以等待或者另选区域（图4-5）。

（3）玩具、材料的使用方式。如：每次使用一筐、一件或一种玩具；使用完后要按照该区的收拾方式，归还原处；不拿区域的材料乱扔或打人等。

图4-5 活动区入口插卡板和活动规则

（4）人际交往的规则。如区域活动时先来区域的先玩，先拿到玩具的先玩；不可以抢夺别人的玩具；小朋友之间若有冲突，应该协商，不可以动手打人，也不可以推人、咬人；小声讲话；在活动室内只能走，不要跑等。

7.标识提示

环境创设应利用一切环境条件帮助幼儿明确活动规则并遵守，教师在布置区域环境时也要善于让环境"说话"来暗示活动规则。规则标识清楚显眼都会潜移默化地提示引导幼儿在活动结束后把工具材料整理归位。如活动区的地板贴上脚印，幼儿就会按照脚印把鞋子摆放整齐；箱子上贴上积木的图片，幼儿就会在构建活动结束后把积木放回到相应的箱子里。这些环境在帮助幼儿遵守活动区规则的同时也慢慢让幼儿养成很好的生活习惯。

真题再现

（2017年）幼儿园环境创设中，使用易于识别的生活行为规则标识图，其最主要的目的是（　　）。

　　A.美化环境　　　　　　　　B.便于幼儿看图说话
　　C.便于幼儿认识各种符号　　D.便于幼儿习得生活技能和行为准则

四、常见的室内区域游戏环境创设

（一）美工区

美工区是幼儿感受欣赏美、表现创造美的一方天地，以培养孩子的艺术素养和创意能力为宗旨，为幼儿提供适当的环境和材料，营造良好的艺术氛围，使幼儿既能自由地观察、欣赏各种不同的艺术作品，也能任意选择不同的工具材料和同伴友好地合作，有秩序地进行各种美术活动，创造性地表达自己的情感与认识，从而发展幼儿的审美能力。

1. 美工区方位布局

美工活动比较安静，可与阅读区、益智区等相邻，位置最好是靠窗台、近水源，便于幼儿在活动中自由取、换水，更重要的是采光好，利于保护幼儿视力。有条件的教室，还要考虑其空间位置应利于幼儿进行个体活动、自由组合活动，稍做调整，又可进行小组活动。区内除了设置工具、材料柜外，应保留有一定位置的墙壁图板，供两名以上幼儿自由组合进行各种粘贴或绘画活动，为在美育中培养幼儿的社会交往能力提供空间环境上的有利条件。

2. 美工区环境布置

设计美工区域环境的时候，要充分考虑区域内色彩、线条、结构、形状以及装饰性图案的合理运用，要突出美工区的艺术特色，并符合幼儿的审美情趣，使幼儿通过对区域环境的感受培养审美感知，产生审美创造的火花。美工区可以张贴、悬挂、装置各类美术作品，如大师作品、民间艺术品、摄影作品以及幼儿自己创作的作品等，有目的、有秩序地向幼儿展示各种各样的形态、色彩之美，并有针对性地让幼儿对每一时期的学习内容有所了解，调动

图 4-6　美工区展示的幼儿作品

其创作美的积极性。展示栏或作品角是美工区必不可少的设置项目，将幼儿的美术作品平贴在展示栏或作品角里是教师常用的一种展示方式（图 4-6）。应注意张贴作品的高度要与幼儿的水平视线高度一致，而不是和成人的水平视线高度一致。此外，还可以在美工区摆放大量的美工材料，油画棒、水粉、彩卡纸、刮画纸、油彩、小画板、陶泥等，让幼儿直观面对五彩斑斓的创作材料，激发幼儿自由探索、大胆创造的环境氛围。

3. 美工区材料投放

美术活动离不开各类美术工具和材料，幼儿通过尝试使用各种材料来表达自己的内心想法以及对客观世界的认知，同时，丰富多样的美术材料也能激发幼儿创作美术作品的欲望。因此，教师应在美工区为幼儿提供充足的材料，以满足幼儿的创作需求。可以在美工区设一米以下开放式的矮柜，分门别类摆放工具与材料，不同的工具筐设计不同的标记，且与柜子摆放位置上的标记相同，以利于幼儿按标记所示，有序地取放，培养自我服务的能力及做事有条理的习惯。材料的提供既要考虑其广度，保证一定的可选择性，又要注意结合阶段目标，有目的、有程序地投入，避免无目的地全盘端出，令幼儿无所适从。美工区材料主要包含以下三类：

（1）欣赏类。

欣赏类材料主要用于出示各类美术作品供幼儿欣赏，包括各种平面的绘画作品、画集和立体的造型艺术。教师应提供丰富多样不同风格的水墨画、油画、水彩、版画等绘画作品，多种不同表现手法的剪纸、刺绣、挂毯、风筝等工艺美术作品以及具有常州地方特色的梳篦、乱针绣、留青竹刻等手工艺品。此外，一些现代的艺术形式也可以介绍给幼儿认知，如公益广告招贴、卡通海报、多媒体艺术等，不断开拓幼儿的眼界，形成丰富的知识架构。

（2）绘画类。

绘画类材料包括各种画纸、画笔、颜料等绘画工具和材料。

纸：不同大小、形状、颜色、质地的纸，如卡纸、宣纸、铅画纸、瓦楞纸、棉纸、皱纹纸、吹塑纸等。注意不要一次性提供太多的纸让幼儿难于选择，也避免浪费。

笔：各种不同类型的画笔，如铅笔、马克笔、油画棒、记号笔、毛笔等，包括粗细、长短的选择也应丰富一些。含有颜料的画笔如马克笔、油画棒等在投放的时候要注意材料的质量，应该选择色彩鲜艳、稳定，易于涂色的品种，避免颜色暗淡、质量较差的画笔。

颜料：包括水粉、水彩、丙烯、国画颜料、墨汁等。

容器：包括调色盛放颜料工具，如调色盘、托盘等；盛水工具如塑料桶、罐头瓶、饮料瓶等。

画架：有空间条件的美工区可以摆放一些画架，更易于美工区艺术氛围的营造，让幼儿产生创作的想法和兴趣。

围护：美工活动的工作服，能有效保护幼儿的衣服不被颜料墨汁弄脏，能让幼儿大胆进行创作。

其他工具：制作版画的油墨、滚筒，用于喷洒的牙刷、喷壶，各种制作拓印的模具等。

清洁工具：抹布、海绵、水桶、纸巾、扫帚和拖把等。

（3）手工类。

手工类材料包括各类剪裁工具、黏合剂以及其他材料等。

裁剪工具：包括剪刀、花边剪刀、美工刀、竹刀等，注意剪切口不要过于锋利，且大小应该适合幼儿的手掌。

黏合剂：包括胶水、固体胶棒、乳胶、海绵胶、双面胶等，不同的手工材料应给幼儿提供不同的黏合剂。

其他材料：包括各类点线面状的不同材料，如破碎的蛋壳、瓜子壳、小石子、贝壳、绳子、细铁丝、玉米须、布片、皱纹纸、饮料瓶等。

（二）建构区

建构区是幼儿通过操作各种不同的建构玩具或建构材料（如积木、积塑、纸板、金属构件、雪花片、泥、沙等），运用想象力进行动手操作，创造性反映儿童平常所见的生活场景的区域。建构游戏是融艺术性、创造性、操作性于一体的游戏活动，通过建构游戏有助于培养幼儿细心、耐心、坚持完成任务的良好习惯。

1.建构区方位布局

位置选择：教师可根据建构材料安排建构区地点。一般小型桌面建构材料不需要太大的地方，而大型积木搭建则需要足够大的空间，让幼儿自如活动，有创造出大型建构作品的空间，满足幼儿创造性思维的发展。本着动静分离的原则，应将建构区与阅读区、益智区等比较安静的区域分隔开，以免相互干扰。建构区的位置要选择相对角落或者偏僻的地方，最好靠墙。另外幼儿在玩建构游戏时喜欢跪下或坐在地上，使用地毯或泡沫垫既能防止幼儿将衣服弄脏，也能减少游戏产生的噪音，同时也能保证建构玩具的卫生并减少损耗，有利于多次利用，达到环保的效果（图4-7）。

图4-7 幼儿园建构区环境

2. 建构区环境布置

建构区环境应据幼儿的知识经验水平布置，小班建构区材料品种少一些，数量多一些，避免幼儿喜欢模仿产生抢夺。中大班建构区材料可以品种多一些，满足幼儿的不同想法和需要。

创造力源于生活，建构游戏的灵感也不会凭空产生，都需要建立在充分感受现实环境的基础之上。因此，教师在创建建构区环境时，应把幼儿熟悉的生活场景融入区域布置中，让幼儿对建构区感到熟悉和亲切，从而在愉悦的氛围中发挥无穷的想象力和创造力。教师需要多鼓励引导幼儿积极探索周围的环境，通过多观察、多感受、多思考，不断提高幼儿对周围事物的认识。

3. 建构区材料投放

幼儿园建构区玩具与幼儿的身体会有直接接触，首先要保证玩具的安全性和环保性；其次应保证数量，以免幼儿争抢；最后应根据幼儿的生活经验、兴趣需要、年龄特点投放建构材料。

小班幼儿造型能力不足，对于建构游戏只能掌握简单的单元建构，进行构件的堆叠，因此要为小班幼儿准备足够数量的玩具材料，开始以独立操作为主，慢慢引导他们进行合作游戏。中大班幼儿具有一定的造型能力，可以进行立体建构和创造性的主题建构，因此既要提供个人单独操作的材料，也要提供需要合作的材料，让他们能够一起分工协作。此外，还要给中大班幼儿提供不同材质的活动材料，包括成型玩具、半成品材料和一些未加工材料以及废旧物品等，并且要经常更新、补充材料。建构区进行的主要是中大型结构游戏，需要的材料主要是积木、积塑和一些辅助材料，教师可以根据幼儿园的玩具和材料有选择地提供。

（1）积木。

积木通常是立方体的木头玩具，一般在表面都有字母或图案装饰，可以进行不同的排列和结构活动。积木主要有普通积木、单位积木和主题建筑积木等。

普通积木：可以是彩色的也可以是单（素）色的，体积有大中小不同类型，大型号的积木一般都是中空的木结构。

单位积木：一组积木经过精心设计，制作成方块、方锥、圆锥、圆柱等形状，基本单位积木的尺寸决定之后，其他所有积木都在这个固定的尺寸之上同比例放大或者缩小，形成一个固定单位比例的积木组合。

主题建筑积木：可以在积木表面装饰有建筑材料质感的纹样，使积木具有建筑主体的外表特征。还可以将积木做成各种造型构件，可以搭建主题建筑。

（2）积塑。

积塑是指用塑胶材料制成的各种结构玩具，主要有主题积塑和素材积塑（图4-8）。

主题积塑：积塑按照不同主题的需要做成不同的部件，比如搭建建筑主题积塑需要门窗、屋顶、墙面、栏杆等部件，不同的部件可以搭建出不同风格、不同结构的建筑。

素材积塑：这类积塑结构比较简单，没有主题的限制，需要根据想象力建构各种造型，具有很大的创造空间。

（3）辅助材料。

图4-8 幼儿的建构作品展示

幼儿在建构游戏时，如果能够把积木与其他材料配合使用，将建构游戏与角色游戏进行组合，这样能够使建构游戏更加活泼生动。因此，教师可以在建构区投放一些辅助材料：各种不同身份职业的人形玩偶、各种动物玩偶、不同的交通工具玩具等。此外，还可提供各种废旧材料，如纸盒、泡沫板、金属片、管棒等，以激发幼儿制作各种辅助玩具的意愿，满足幼儿建构各种形象的需要。

（三）表演区

表演游戏是深受幼儿喜爱的一种游戏活动。在表演游戏中，幼儿可以根据自己的理解充分发挥自己的想象，自由、即兴地再现作品，努力营造快乐的氛围，与同伴交往并获得快乐体验。

1. 表演区方位布局

表演区需要较大的活动场地以作为表演舞台使用，有条件的幼儿园可以在角色区或建构区等相邻区域划定表演区域，但应远离阅读区、美工区等相对比较安静的区域，以免产生干扰。

2. 表演区环境创设

教师应根据不同年龄段的幼儿做不同的主题表演环境创设，一般来说小班以歌舞类表演为主，重点在于舞台的设计；中大班以故事表演为主，需要突出故事场景创设。根据表演主题，自制主题背景，铺设地垫供幼儿表演，营造表演氛围，激发幼儿表演兴趣（图4-9）。

3. 材料投放

为满足幼儿表演的游戏开展，表演区域应配置相应的背景和家具。舞台主题背景、场景背景设置要贴合表演的内容和风格，话筒、音响设备、地垫等要齐备；表演服饰、玩具柜、小乐器、手偶架、收纳盒等也要准备充分。

图4-9 幼儿在表演区进行歌舞表演

（1）歌舞表演。

歌舞游戏表演需要场地布置，可用彩绸、丝绒布等进行舞台的装扮，添加彩色纸条进行装饰，也可以用拉花彩带将舞台的区域与观众席进行区别。其他材料包括：演出服、鞋帽、头饰、节目单、话筒等。

（2）时装表演。

时装表演是美和艺术的体现，也是幼儿喜爱的表演方式。穿着色彩鲜艳、风格鲜明的童装，随着音乐的节拍在迈步的同时做着各种富有趣味的动作，幼儿在情趣流露的同时也能感受到美的体验。教师可与幼儿一起设计演出的服装，用一些生活中常见的物品进行制作，如包装纸、挂历纸、报纸、锡箔纸、塑料袋、树叶等。

（3）故事表演。

故事表演形式多样，教师与幼儿可以根据故事的内容选择不同的表演方式。幼儿可以穿上表演服模拟故事表演，如穿着各种动物造型的服装扮成故事里的动物。也可以用玩偶进行表演：只要制作一个玩偶台，投放各式各样的玩偶，幼儿就会自行操作，进行绘声绘色的表演。还可以用纸板做成电视电影屏幕的效果，进行屏幕的表演等。

（四）益智区

益智游戏灵活多样，能够满足不同孩子的不同需要，是最受欢迎的游戏活动之一。充满魔力的益智区给幼儿开启了一扇智慧之门，让幼儿在自行操作的过程中不知不觉走进了智慧的乐园。五颜六色的益智玩具让幼儿感受物体形状，识别物体颜色，比较物体大小、长短、高矮、粗细，理解形体的块面关系等方面的知识，也让幼儿的思维力、想象力、创造力得以充分地发挥，同时也让幼儿的分析、综合、推理、概括能力得到发展，这些建构行为能激发幼儿探究的兴趣和求知的欲望，以及培养其专心做事、独立解决问题的能力。

1. 益智区方位布局

益智区应选择相对安静的地方，适宜与阅读区、美工区相邻。在益智区，幼儿通过直接接触、动手操作、反复体验来进行游戏学习，因此，在益智区投放一些色彩鲜艳、造型精巧的材料用具会吸引幼儿的眼光，留住他们的脚步，使幼儿对益智区兴趣浓厚。

2. 益智区环境布置

益智区游戏是幼儿自主控制的活动，并伴随着愉悦的情绪体验，使幼儿主动、积极地获取经验。益智游戏种类多、材料广，为了便于幼儿发挥充分的想象空间，益智区的环境应该相对独立封闭并保持安静，在空间规划中为幼儿预留自主调控的条件和可能（图4-10）。游戏材料的

图4-10 安静独立的益智区

摆放要有序，便于幼儿了解使用，使用后能够自行收拾整理玩具材料。材料摆放区和游戏区要有区分（大班操作都是在教室，材料都摆在外面）。入口处要张贴区域规则，可以是清晰易懂、图文结合的形式。整体布置要给幼儿创设温馨、轻松、愉快的感受。

3. 益智区材料投放

（1）数学类：1—10 的点子卡，实物卡，接龙卡，排序卡，长短、粗细、颜色不同的小棍，大小不同的小石子、点卡等。

（2）图形拼图类：图形配对卡、图形分类卡、图形排序接龙卡等；框架拼图、相互关系拼图、记忆拼图、马赛克拼图、立体六面拼图、平面拼图、地图拼图、立体拼图、七巧板几何拼图等。

（3）迷宫类：墙面迷宫、三个排成行、数字迷宫、轨道游戏板、小球走迷宫、国旗找位迷宫、用纸板盒制作的迷宫模型或迷宫图案等。

（4）趣味棋牌类：多米诺牌、扑克牌、飞行棋、五子棋、跳棋、军棋等。

（5）感统训练类：触摸箱（袋）、不同粗糙度的布料、不同冷暖度的触摸板、不同形状的物品等。

（6）益智游戏类：翻花绳（各色毛线）、挑花棒（冷饮棍、吸管）等。

教师要对本班幼儿当前的培养目标有清晰的理解和把握，并有针对性地选择、投放对幼儿的发展有促进作用的操作材料。材料投放的种类要丰富多样，每一种类数量充足；材料的投放还要有层次性，这样才有利于幼儿的操作探索；材料的投放要有多样性，满足不同年龄段幼儿的不同需求。

（五）角色区

社会领域作为幼儿园五大领域之一，社会性教育关系到幼儿的社会化进程，对幼儿的健康成长至关重要。陈鹤琴强调：角色游戏是促进幼儿发展最好的练习和实践机会。所谓角色游戏是指幼儿可以通过想象、模仿扮演各种不同的社会角色，创造性地反映幼儿的内心世界和主观想法。角色游戏的主题和情节应基于幼儿的生活经验进行设定。角色区就是为游戏主题和情节的展开而进行的环境创设和材料投放。创设的环境与幼儿的生活经验越贴近，幼儿越能充分表现他们对生活印象的记忆，巩固对生活当中的各种事物和事件的理解，游戏情节的表演水平也会更高。

1. 角色区方位布局

角色区在游戏活动中所占的面积比较大，往往需要一个完整的空间或较大的走廊才能满足。幼儿进行角色游戏需要相互走动交际、大声交谈，活动声音较大，因此，角色区的位置最好远离阅读区、益智区等安静的区域。幼儿在角色区的游戏经验往往会被带到建构区域产生一些结构搭建的灵感，并且建构区的声音也比较大，因此，这两个区域可以安排在相邻的位置。不同的年龄阶段，区域布局也有差异，小班和中、大班孩子需要的环境是不同的。小班要求情景明确、直观性强，例如家庭、医院、幼儿园等完整的情景场地；大班则偏向抽象，许多时候还会和建构区结合，可以在玩具柜面、桌子、地面游戏。中班介于两者之间。角色区的环境多用幼儿作品做情景布置，供其讨论、制作。

2. 角色区环境布置

角色游戏的主题多种多样，如娃娃家、美食店、发型屋、超市、医院等都是最受幼儿欢迎的主题场景。另外还有一些伴随着角色游戏的深入和幼儿认知体验的扩展而延伸出的其他相关主题，比如游乐场、花店、邮局、书店等。鉴于幼儿角色游戏主题的多样化，教师应在众多的主题中选择 1—2 个主题进行区域布局，并设置与主题相对应的其他游戏区域，形成完整的主题游戏模式。角色区的环境布置应该尽量仿真，让幼儿有身临其境的真实感，这样容易激发幼儿游戏的兴趣，并将生活中的经验感受融入游戏中，有助于游戏情节的顺利开展和推进，幼儿也能通过角色体验不同的人际关系。

3. 角色区材料投放

利用成品自制家具并做区域隔断模仿角色游戏的主题环境，以幼儿见过的现实生活当中的场景作为创设案例，如"娃娃家"的家庭场景；"超市"的售卖区域；"餐厅"的大堂、用餐区等。角色区域的地面也要做好标记。教师应把握幼儿的年龄和游戏发展水平的差异，如小班幼儿的角色游戏以模仿为主，中大班幼儿的角色游戏则以创意发挥为多。教师根据幼儿的实际情况进行材料投放，并根据游戏发展更新材料以促进幼儿的游戏能力的不断发展。

（1）娃娃家。

娃娃家游戏是指幼儿在教室营造的家庭情境中通过语言和动作来扮演角色之间的人物关系，使用区域内的游戏材料进行人物的表现和角色的互动而展开的一种游戏。这个主题需要的材料有：

玩具娃娃：在游戏中具有很重要的作用，玩具娃娃能丰富游戏的情节，增加幼儿的角色体验，表现不同的人物关系。因此，教师应提供不同性别、不同年龄的玩具娃娃以供幼儿选择。

娃娃服饰：不同风格的衣服可以表现玩具娃娃不同的性别、职业和民族。娃娃衣服最好能脱能穿，便于清洗、消毒，这样更加锻炼幼儿的自理能力。此外，还要提供一些衣服配件，如包包、鞋子、围巾、领带、办公用品等。

玩具床：可用泡沫板、纸板自制，包括床上用品以及摇篮婴儿床等，对营造娃娃家的氛围很重要。

家具：适合幼儿年龄特征的家具，包括常用的桌子、椅子、书架、衣柜等，柜子高度不能超过1.2米，深度不超过40厘米，这样便于小朋友收放玩具。

器具：各种锅碗杯碟等餐具，各种果蔬食物，还有围裙、桌布等。

其他：各类家用电器、地毯、镜子、衣帽架等。

娃娃家通常被认为是女孩子的游戏场所，男孩子较少进入这个游戏环境。教师应多为男孩提供一些游戏材料，如男士衬衫、西服、领带、公文包、办公用品等，以吸引男孩到角色区参与游戏。

（2）美食店。

美食店也是小朋友日常生活中接触比较多的地方，因此他们对于美食店的模式非常熟悉。这个区域需要的材料有：各种食物模型和图片、各种盛放食物的盘子、篮子、框子、餐饮器具、小围裙、厨师帽、收银机、钱币以及快餐店的包装盒等（图4-11）。

（3）发型屋。

剪头发是每个幼儿都有的生活体验，贴近幼儿

图4-11　幼儿在玩角色游戏

生活，是非常受欢迎的角色游戏之一。这个区域的材料包括：镜子、梳子、塑料剪刀、卷发棒、丝带、皮筋、发卡、假发套、洗发水瓶子、毛巾、围布、发型图等。

（4）医院。

生病去医院是每个小朋友都印象深刻的事情。这个游戏区域包括的材料有：白大褂、护士帽、体温计、医药箱、听诊器、玩具注射器、药瓶、纱布、药水、病历卡等。

（5）超市。

超市是幼儿日常最喜欢去的地方之一。需要提供的材料有：货架、各类商品货物（一般是食品空盒）、仿真的蔬菜水果、购物篮、手推车、收银机、价格标签等。

（六）阅读区

阅读区是供幼儿自主阅读图书，以发展幼儿语言能力、激发幼儿的阅读兴趣的专门区域。幼儿在阅读区不仅可以通过阅读丰富自己的知识面，还能够学会与他人合作、分享，同时也能培养幼儿遵守规则的意识。阅读区以图书为主要资源，再由一定数量的桌椅和其他一些材料组成相对独立的空间。

1. 阅读区方位布局

阅读区域首要条件就是需要光线充足、采光良好并且相对比较安静的环境。一般会选择在教室的朝南角或靠近窗户的位置，一是因为朝南光线充足；二是因为一侧靠墙形成半开放式的格局，营造出安心、宁静的阅读氛围，从而吸引小朋友自主前往阅读区看书。阅读区要与动静比较大的区域如建构区、游戏区等分隔开，以免被噪音干扰。一般可以靠近美工区、科学区等比较安静的区域，便于幼儿专注地阅读（图4-12）。

2. 阅读区环境布置

为了营造阅读的氛围，可在墙面张贴新书介绍栏、看图讲故事的语言图片等，也可悬挂其他装饰物和挂书袋，既烘托阅读的氛围，也增加温馨的气息。地面可以铺上色泽柔和的地毯地垫，浅蓝色、淡绿色等颜色不仅能让视觉放松舒适，地毯还能有效减少噪音，营造整体的氛围和舒适感（图4-13）。

图4-12 安静明亮的阅读区

图4-13 温馨的阅读区环境

3. 阅读区材料投放

（1）书架。

规模比较大的阅读区应该选择专用的图书馆书架；比较小的阅读区可以设置在阳台上，还可以选择使用布袋做成更加活泼舒适的阅读空间。书架上的图书在摆放时，一般会封面朝外，美丽的图书封面能吸引幼儿取阅，养成喜爱阅读的习惯。

（2）桌椅。

阅读区的桌椅设置应适合幼儿身体年龄的特点，这样幼儿看书时的姿势就会比较端正，将书平放在桌子上认真阅读，慢慢养成正确的阅读姿势。此外，还可以根据幼儿的喜好选择一些角落的位置，用一些坐垫代替椅子，营造一种舒适自然的阅读环境，这样幼儿可以根据自己的意愿选择阅读的位置。

（3）图书。

所选图书要有一定教育意义，要体现语言美，画面色彩效果良好，要符合幼儿心理发展的特点。图书的层次要多方面的，为幼儿提供的书籍既有幼儿熟悉的，也有不太熟悉和完全不熟悉的，以保证不同阅读水平的幼儿的阅读需求。

图书的种类繁多，一般可分为故事类（人物、动物、探险等）；自然知识类；科学知识类；社会知识类（不同行业、节日、人文风俗等）；以图片为主，文字较少的绘本书籍；内容积极健康的儿童漫画、儿童杂志、工具书；介绍各类知识的图书，如大百科、美术、词典等几大类。

图书数量要多，不要一次性把所有图书都陈列出来，一部分储存起来通过更换的方式来保持幼儿读书的兴趣。教师也可采取记录"我最喜欢的书"及"周末借书"的方法，定期或不定期更换记录方式，这样也能激发幼儿的阅读兴趣。

第二节　户外区域游戏环境

户外区域游戏环境是幼儿园游戏环境的重要组成部分，也是幼儿最喜欢的游戏环境。蓝天白云、红花绿草和开阔的场地，使孩子身心自由愉悦，这是一种教育性的、有助于身心放松的环境，因此将良好的户外环境引入幼儿游戏教育具有很重要的意义。

一、户外区域游戏环境创设的意义和原则

1. 户外区域游戏环境创设的意义

（1）户外游戏环境能促进幼儿身体运动能力的发展。

（2）户外游戏环境能促进幼儿认知发展。

（3）户外游戏环境能够促进幼儿之间的积极交流与合作。

（4）户外游戏环境能促进幼儿与教师之间的有效互动。教师通过观察幼儿的各种行为活动并与幼儿进行互动，引导鼓励幼儿大胆探索、表达想法，促进幼儿身心进一步发展（图4-14）。

图4-14　师幼合作进行户外游戏

2. 户外区域游戏环境创设的原则

（1）安全性。

幼儿的安全健康是幼儿园的基本责任，户外游戏环境必须符合安全规范条例和卫生要

求。地面安全：设施应该设置在草坪、沙地、塑胶等软质地面上，减少落地带来的伤害。器械设备安全：高度适合幼儿的身高和运动能力，结构完好无缺，没有尖锐边缘、有毒的物质；设备和设施之间有足够的距离，没有可能使幼儿的头部陷进去的间隙；可固定的设备安装牢固，地面支持物没有腐烂、生锈或长白蚁的情况；可移动部分没有缺失。

> 考题预测

下列选项中作为幼儿早操活动场地存在安全隐患的是（   ）。

A. 草地　　　　　　　　　　B. 水泥地
C. 塑胶地　　　　　　　　　D. 沙土地

（2）适宜性。

适宜性原则是指户外区域游戏环境要符合幼儿的年龄特点和身心健康发展的需要，促进每个幼儿全面和谐地发展。从一般年龄特征来看，大班、中班、小班幼儿在身心发展特点的差异是非常明显的，户外区域游戏环境的活动项目应能够发展不同年龄段幼儿的活动技巧。例如小班幼儿适宜由小型、单一功能的游戏器械，向少量功能组合的游戏器械过渡；中、大班幼儿已经能够使用大型多功能组合的游戏器械，有利于幼儿在运动的同时增加行为的合作性和想象力。

（3）趣味性。

户外游戏环境的趣味性对幼儿具有天然的吸引力，户外游戏环境的趣味性体现在：

立体空间：如山坡、隧道、废弃的船、汽车等，在拆除了不安全的零部件后放置在户外游戏活动环境中，以引发幼儿游戏的兴趣，激发其想象力。

组合连接：把不同的器械和设备通过各种途径和方法连接起来，可以增加器材与设备的复杂性和趣味性；同时，也为不同年龄和能力的幼儿提供不同的选择（图4-15）。

图4-15　器械组合增加游戏趣味性

自然与野趣：幼儿对大自然有着天然的亲近感，对自然界的一切感到好奇，他们喜欢在大自然中嬉戏，花草虫鸟的奇妙、泥沙水石的趣味和各种自然现象的奥秘，会使幼儿产生许许多多的惊奇、疑惑。通过游戏中的探索和想象，幼儿得到身体和个性的发展。

（4）多样性。

户外区域游戏环境的多样性体现在以下几个方面：

场地的多样性：利用多样化的地面，如草地、塑胶地、木板地、砖地、沙地；平地与斜坡、台阶与小道、环路与山洞、小桥与小河等。

材料的多样性：利用多种材料，如绳子、轮胎、木材、竹子、泥、沙等多样化的材料，可以为幼儿提供软硬、光滑、粗糙等丰富多样的感知觉刺激。

游戏的多样性：丰富多样的游戏区域可以支持幼儿开展多样化的游戏活动，能保持幼儿游戏兴趣、丰富幼儿的学习经验，鼓励幼儿的探索、想象、交往和合作，促进幼儿身心的全面健康和协调发展。

（5）挑战性。

依据维果斯基"最近发展区"的理论，帮助幼儿学习必须考虑幼儿的两个发展水平，一是现有的操作水平，另一是通过帮助可达成的水平，教师就是要给幼儿较高水平的帮助，让幼儿完成并超越其原来的能力和水平。从这个角度讲，挑战性原则是指创设幼儿园户外环境是要挑战幼儿的已有能力，并让幼儿的能力达到更高的发展。具体的做法可以创设富有挑战性的问题情境，构建探究的阶梯；提供多种层次的挑战，适合不同水平的幼儿；在保障安全的基础上，多些探险游戏活动。这些创造性的活动环境要能激发幼儿游戏的积极性，在游戏活动过程中锻炼幼儿的运动协调能力、平衡能力、灵活性以及力量（图4-16）。

图4-16 具有挑战性的区域游戏设备

二、户外区域游戏环境创设要点

1. 区域划分

幼儿园户外游戏环境一般分为四大区域：集体活动区、大型器械区、种植饲养区和玩沙戏水区。集体活动区主要供幼儿集体做操、上体育课，进行各种体育游戏活动，要求场地宽敞平整（图4-17）；大型器械区主要放置各种大中型活动器械和设备，如滑梯、秋千、平衡木、爬网、跷跷板、攀登架等，以供幼儿练习与发展基本动作，锻炼身体活动能力；种植饲养区主要供幼儿种植蔬菜、花草，喂养小动物；玩沙戏水区分为沙坑和水池两个游戏部分，为幼儿提供沙水等自然材料和其他的游戏工具，以满足幼儿喜爱玩沙戏水的天性。

图4-17 有趣的集体游戏

真题预测

下列选项中不属于幼儿园户外区域游戏环境的是（　　）。

A. 集体活动区　　　　B. 器械设备区

C. 种植饲养区　　　　D. 表演游戏区

2. 空间利用

每个幼儿园户外空间各异、面积大小不一，在进行游戏环境规划时应该因地制宜地利用空间，比如原来低洼的地方可以设计成小河、沟渠，并架设晃悠悠的桥索；如果幼儿园户外空间太小，可以立体地利用空间，进行立体绿化，或者在墙壁设计横向攀岩；购买综合大中型玩具，在高大的树木间设计秋千、摇椅、跷跷板等；沙池与戏水池巧妙组合。

3. 材料投放

（1）材料投放要围绕幼儿的游戏兴趣。幼儿对外界的认知更多依赖色彩、声音和一些特殊的形状，根据这一特点，在环境材料的投放上尽可能采用一些色彩鲜艳、款式新颖或者能发出特殊声音的器材,这样可以极大地吸引幼儿的注意力,使他们产生尝试一番的想法,进而提高幼儿参与游戏的积极性。

(2)材料投放要围绕幼儿的发展目标。不同年龄段的幼儿的动作发展目标是不同的,在材料的投放上充分考虑幼儿体育动作发展目标,同时,在游戏材料投放上要能够体现出不同年龄段的层次要求。

(3)材料投放要结合各游戏区域功能需要。幼儿户外游戏不同于一般的户外活动,在这种情况下,游戏材料的投放要依据不同区域的特点,进行有选择地投放,使材料最大化地发挥作用。

4.规则制定

幼儿的规则意识并不是成人强加给幼儿的,也不是限定某一点不变的,而是幼儿将规则作为自己行动标准的意识。在创建户外区域游戏环境的时候,教师可以把制定规则的权利交给幼儿。中大班幼儿已经具有一定的理解能力,并能将自己的想法用各种方式表达出来。一开始规则并不完善,幼儿在游戏中总会遇到一些问题,教师可以引导幼儿讨论,制定相应的规则。随着户外区域游戏的逐渐开展,区域规则也日益完善。幼儿逐渐将自己的想法整合起来,并一起制作成规则牌,可以用图示加文字的方式,公布在区域环境中,这样一来,无论去哪个区活动,都不需要教师反复讲规则,在无意中加强了幼儿的自制力和规则意识。

三、常见的户外区域游戏环境创设

1.集体活动区

集体活动区主要是幼儿上体育活动课、集体做操以及进行各种游戏活动的区域,要求场地宽阔平整,能满足幼儿奔跑、跳跃、攀爬等运动的需要,因此,地面的安全适用是首要考虑的因素。场地的面积为:$180 + 20（N-1）m^2$,其中 N 为班级的数量,每个班级的场地面积要不小于 $60m^2$,每个幼儿的活动空间不少于 $2m^2$。场地的地面以坚实平坦的草地、沙地、塑胶、仿真草坪等为宜,这类地面可以减少幼儿在奔跑运动时带来的震荡,有利于幼儿的身体健康,并且在不慎摔倒的情况下,也能将伤害降到最低。在安全、卫生的前提下可以充分地绿化、美化集体活动区。

2.大型器械区

器械区是放置各类大中型体育活动、游戏活动的器械与设备,如滑梯、秋千、平衡木、爬网、跷跷板、攀登架、梅花桩等,供幼儿练习与发展基本动作,锻炼身体协调能力,促进肌肉机能发展。选择大型器械设备,一定要保证设备的安全、坚固和耐用,最好是可多变组合,兼顾幼儿在感官方面的训练和肌肉机能的发展。活动的器械设备最好能够激发幼儿进行探索、发掘和体验,精巧的结构、鲜艳的色彩、灵活的调度都能够吸引幼儿的视线和注意力,从而进入区域加入活动中来(图4-18)。

图4-18 色彩鲜艳的滑梯

（1）秋千、滑梯。

组合滑梯、秋千在设计的过程中，一定要保证防碰撞区域设置的规范性，避免发生意外事故。需要注意的地方有：滑梯与墙体距离不可过近，秋千应设置足够的防碰撞区域，附近不能有窨井盖、路牙等。滑梯的区域设计应该要有着陆缓冲层，整个区域内不能有锋利的边缘和突出物，根据滑梯自由下落的高度选择缓冲的材料。滑梯是户外游戏设备，应设置漏水层，可以有效去除积水。秋千的防碰撞区域周边要有不小于1.5米的环形空间，如果和其他的活动区域的距离较近，最好设置有隔离防护栏以保证绝对安全的防碰撞区域。

（2）平衡木（独木桥）。

身体平衡运动，对中班幼儿来说，已不是很困难的事，且每个幼儿在这方面的发展进程是不一样的，有的幼儿可在既高且窄的平衡木上走，有的幼儿只能慢慢地走过低低的、宽宽的平衡桩。所以教师要根据每位幼儿的实际活动水平，设计和安排难度不一的活动，提供不同的指导和帮助。既可在平衡器材的高度、宽度和坡度上有不同的要求，又可在运动方法的指导上给幼儿不同的示范和选择。可从徒手走逐步过渡到持物走、加速走和在间隔物体上走，

图4-19　幼儿在玩独木桥游戏

并可以通过让幼儿自己主动探索，大胆尝试，由不敢走到敢走到快速走的过程中，让幼儿充分享受成功的快乐。各种高度、宽度不一样的平衡桩、平衡木、独木桥能够发展幼儿的平衡、钻爬、攀登能力，让幼儿尝试和探索从高处往下跳的技能，从而提高灵敏性、协调性，同时培养幼儿勇敢、互相帮助的良好品质，并在活动中培养积极思考动脑的意识与能力（图4-19）。同时，需准备与平衡活动相配套的各种活动器具，帽子、沙包、小皮球等若干。

（3）大型攀爬结构。

幼儿在幼儿园需要进行全面的能力锻炼，无论是在学习能力还是在活动能力都需要进行提高，幼儿园攀爬区域不仅能够锻炼幼儿的体能，同时也磨炼意志力和耐心，具有一定的挑战性和危险性。幼儿的安全意识还没有完全建立起来，因此在进行幼儿园攀爬游戏区域布置时，需要把安全因素放在首位，这是幼儿进行活动的基础。

幼儿园在对攀爬设备进行选择时，要注意设备质量的好坏以及攀爬结构的合理性，提供给幼儿攀爬的游戏设备要与幼儿的年龄特征与活动能力相符，最好能够在可保护的范围之内。在攀爬区域的设计上，要注意地面的保护措施，可以将攀爬区布置在绿地上，这样能够对小朋友的活动安全做到防患于未然。另外，攀爬设备启用前要进行反复试用，以确保设备的结实可靠。幼儿活动前教师要对幼儿的攀爬动作进行规范性指导，避免幼儿因为动作不到位而受

图4-20　新颖的攀爬结构游戏设施

伤。另外要注意攀爬区的设计要能抓住幼儿兴趣，色调鲜艳明快，造型新颖有趣，以充分吸引幼儿的注意力（图4-20）。

（4）轮胎、轨道。

幼儿园可以采用废旧素材制作各种各样的教具和玩具。运用废旧轮胎为幼儿设计户外游戏，能充分激发幼儿的参与热情，让他们在游戏活动中提高身体素质，促进他们协调能力的发展。在运用废旧轮胎设计户外游戏时，教师要根据幼儿的年龄特点进行，让小班、中班、大班的幼儿都能在快乐的游戏活动中获得发展（图4-21）。

（5）手推车、独轮车、小货车、脚踏车、玩具马车。

图4-21　轮胎与轨道游戏

从协调性与灵活性方面来看，推手推车、独轮车、小货车等对于幼儿有一定难度。为了锻炼幼儿的基本动作，选择推车类游戏活动，能培养幼儿的动作能力，锻炼孩子们的合作意识；练习推车或跑或走，发展动作的协调性与灵活性，培养合作能力。幼儿掌握了推车平衡之后，还可以往车里放积木、沙包、皮球等物体，增加游戏的难度来提高游戏的趣味性，激发幼儿的挑战精神。还可以把推车游戏和平衡木游戏结合起来，进一步锻炼幼儿身体的控制力和平衡感，增加游戏之间的联系性。

3. 种植饲养区

蒙台梭利提出幼儿园应为幼儿创设"有准备的环境"，要给幼儿感受真实与自然的环境，能够与大自然、植物亲密接触，让幼儿有充分的时间在林间乡野活动，感受大自然的美好。有些父母对于幼儿过于溺爱和保护，很少让幼儿近距离接触一些天然的事物，如土地、沙石、水、杂草、落叶等。幼儿对一些动植物的识别，大多也是来自电视、绘本、卡片等，生活当中通过实际经验认知动植物的机会也不多。种植饲养区作为大自然的缩影，是室内自然角的延

图4-22　幼儿在养殖区绘画写生

伸与扩展，幼儿可以在这里与土地亲密接触，对幼儿认识自然、感受自然和亲近自然起着重要作用，对幼儿的身心健康发展意义重大（图4-22）。

（1）种植区。

幼儿园可根据实际条件选择种植区的范围和面积，幼儿园面积能够满足的情况下可以分班种植。种植区内，可以种植四季常绿的观赏性植物，如虎皮兰、铜钱草、吊兰，还可以根据不同的时令种植当季的瓜果蔬菜如黄瓜、玉米、豆角等。提供幼儿可以使用的小农具，让幼儿参与种植的全部过程。幼儿观察每一种植物生长时节不同的外形颜色、不同的生长习性，通过观察和记录培养幼儿对事物的兴趣，从中感受植物所具有的生命力，阳光、土壤、

水分所具有的力量。种植区栽种的果蔬成熟之后可以提供给幼儿食用,让幼儿体验人类劳作与自然馈赠的关系,感受劳动的快乐、收获的喜悦。

第一,准备阶段。

这个阶段需要查阅种植的相关知识如种植技术和种植方法,准备种植工具,选择种植的植物种子。了解幼儿的种植兴趣,组织幼儿学习了解简单的种植常识。可以将幼儿分成小组,选出组长,明确分工,轮流值日和记录。

第二,实施阶段。

选择好种植区域,组织幼儿进行种植,根据植物的特性可以分成土壤种植和盆栽种植。种子发芽后,教师要鼓励幼儿发挥自己的积极性和自主性,引导幼儿主动参与管理养护,观察植物的变化,记录植物的成长过程。教师可以教给幼儿简单的观察方法,例如查看植物叶片的大小和形状,触摸植物茎叶感受植物的不同,嗅闻植物的花朵种子是否有特殊的气味等。让幼儿将这些观察到的变化记录下来,并用自己的语言描述,从而让幼儿慢慢掌握理论知识,用于指导实践活动。幼儿通过这个持续的过程,慢慢养成良好的观察习惯,也会不断提升对周围事物的感知力。种植区的各种植物还可以成为绘画课堂上的写生对象;也可以把各类植物的果实种子拿到益智区进行排列分类;各种植物的叶片可以做成标签放到自然角进行展示,供幼儿观察、分辨、比较、分类。

第三,总结阶段。

幼儿全程参与种植实践活动,尝试了土壤种植和盆栽种植两种方式,在过程中发展探究、发现、解决问题的能力。教师与幼儿一起讨论并形成一致性的步骤和策略:挖坑—播种—填土—浇水—施肥—除虫等,最后整理成活动实录。

(2)饲养区。

饲养区能让幼儿真切感受动物的成长变化,体会自己的行为和动物生长之间的关系,饲养活动是实施生命教育的重要途径,可以引导幼儿慢慢感受生命、了解生命、珍惜生命,也是幼儿园课程的重要内容和重要目标。

第一,准备阶段。

首先要创设良好的饲养环境,根据饲养动物的习性选择合理的区域和养殖环境。用防护网围起来的区域,里面有笼舍和活动场地,适合饲养会飞的鸟类如鸽子、麻雀等;用不高的栅栏围拢起来的区域,里面有草坪和小屋舍,用来饲养家禽类如小鸡、小鸭、小鹅等;啮齿类以及会奔跑的动物如兔子、猫、狗等适合笼子饲养(图4-23);玻璃器皿、陶瓷器皿可以饲养乌龟、金鱼、蝌蚪等;竹匾、纸盒可以用来养蚕。每个区域由不同的班级负责饲养照料,全园幼儿都可前来观察和开展

图4-23 幼儿在饲养区给小兔喂食

相关的主题活动,一个阶段过后,班级之间可以互换饲养区。

第二,实施阶段。

要保证饲养活动的顺利进行就要制定饲养规则,包括环境的要求、食物饮水的准备、

喂食的分量和次数、观察的时间和周期、饲养区域的卫生打扫等。饲养规则确定之后教师可以和幼儿一起用图文结合的方式画出来，布置张贴在饲养区让大家了解。饲养的过程中获得的经验可以随时补充到规则中去。为了帮助幼儿更好地观察、了解、认识动物，教师可以组织开展各种动物主题活动。比如关于兔子的主题活动"和兔子的亲密接触""兔子最爱吃什么食物""兔子的叫声是什么样的""兔子为什么喜欢啃东西""画一画可爱的兔子"等，将饲养和主题活动结合起来，幼儿在观察、探究、记录的过程中慢慢了解兔子的外形特征、生长习性，掌握饲养兔子的方法，形成系统的知识。

第三，总结阶段。

教师要随时观察总结幼儿在饲养中遇到的问题，以问题为契机，引导幼儿探索饲养动物的方法，培养幼儿的动手能力和解决问题的能力，这样幼儿不仅掌握了饲养方法和劳动技能，还积累了饲养经验。教师和幼儿可以把这些方法和经验记录总结出来，让幼儿描述这些经验方法并相互分享，增长知识的同时还可以培养幼儿的责任感。

4. 玩沙戏水区

（1）玩沙区。

沙是幼儿身边最直接、最常见、最易于感知的天然材料，它能够带给幼儿非凡的感官体验。幼儿园可以根据实际条件设计一个大型沙坑或是几个大小不同的沙坑，边缘可以用处理过的木质材料、轮胎等工具进行装饰并起到保护幼儿的作用（图4-24）。还可以在沙坑上方设置遮阳防雨棚，夏季可以避暑。沙坑投放的材料主要包含两大类：基本材料和辅助材料。基本材料有：沙铲、小桶、耙子、勺子、滤沙器、漏斗、模具、挖掘机、推车等；辅助材料有：沙袋、沙包、塑料瓶、

图4-24　幼儿在玩沙区游戏

纸板、放大镜、观察盒、软管等。教师在投放沙坑材料的时候要关注到不同年龄段的幼儿的不同需求，小班幼儿往往会在故事情境中展开游戏活动；中班幼儿随着生活经验的增加和造型能力的提高，这时候会在游戏中加入建构性的想象创作；大班幼儿更倾向于富有挑战和难度的游戏模式。在投放基础材料的同时，还要考虑到每一次不同游戏主题下的不同材料的需求，从而投放不同的辅助材料以满足甚至是推动幼儿玩沙游戏的不断向前发展。

（2）戏水区。

《纲要》中指出："幼儿园教育应尊重幼儿身心发展的规律和学习特点，以游戏为基本活动……促进每个幼儿富有个性的发展。"每个幼儿生活中都有玩水的经验，喜欢玩水是幼儿的天性，满足幼儿的好奇心和探索欲。教师应提供良好的游戏环境和丰富的游戏材料，将幼儿自发的"玩水行为"转换为在教师指导下有目标的"玩水游戏"。

幼儿园的玩水游戏主要有两种不同的方式。一是不同区域游戏中涉及水的部分，比如在室内美工区，教师指导幼儿用水稀释颜料，观察颜料在水中的流动变化等；在音乐区，用数量不等的杯子装上分量不同的水，然后敲打出音调不同的音符；在科学区放置一些储

水箱，里面放上不同的材料，有的漂浮在水上，有的沉在水底，引导幼儿思考浅显的科学常识等。另一种玩水游戏主要是指户外集中的玩水区域，比如玩水池。幼儿园玩水区要注意以下几个方面的要求：水池的面积要依据幼儿园的实际条件和幼儿参与的人数决定，不宜过小，避免过于拥挤（图4-25）；幼儿玩水的池子深度不能超过0.4米，方

图 4-25　幼儿在戏水区游戏

便幼儿在水中的行动，也避免幼儿游戏中跌倒呛水的可能。水池周边要铺设防滑地砖，入池口要有扶梯。水池的温度要适宜，水质要符合中国工程建设标准化协会的 CECS 专业规定，要定期做好水质的清洁和消毒工作。

玩水区投放的材料丰富多样，大型的有水上滑梯、立体墙探究管道等，小型的有各种盛水的器具（水桶、瓶）、水管、玩具水枪、洒水壶、泡沫板、游泳圈、海洋球，可以漂浮在水面上的玩具和玩偶等。也可根据不同的主题游戏的需要投放辅助材料和特殊材料。

户外游戏对幼儿的发展有着重要作用，为了更好地实现户外游戏的价值，应该充分考虑户外游戏环境，以幼儿的需要为基础，对幼儿园户外环境进行合理规划和创设，注重安全性、趣味性、合理性及挑战性，要以培养幼儿身心健康发展为准则，巧妙布置、精心开发，合理利用幼儿园的有效空间建立户外游戏区域环境，带领幼儿在这些科学的区域中展开趣味游戏，享受快乐的户外游戏时光，帮助幼儿健康、茁壮地成长。

拓展阅读

1. 董旭花，韩冰川，张海豫. 幼儿园户外环境创设与活动指导. 北京：中国轻工业出版社，2018.
2. 吴丽珍. 幼儿园室内外环境创设. 福州：福建教育出版社，2015.

实操练习

1. 利用废旧物品设计一个室内区域游戏的玩具，要求符合幼儿年龄特点，体现教育性、趣味性、操作性和安全性。
2. 利用废旧物品设计一个户外体育游戏玩具，要求符合幼儿兴趣需要，体现教育性、趣味性、游戏性、安全性。
3. 请选择一个年龄段，结合户外区域游戏环境的创设原则，为幼儿设计户外自由游戏的环境。可以从以下几个方面考虑：

（1）任选一类户外区域游戏环境；
（2）场地特征的选择；
（3）器械的选择；
（4）移动的运动性材料投放。

第五章 幼儿园精神环境创设

学习目标

1. 理解幼儿园心理环境的内涵、作用及创设策略。
2. 能够根据幼儿园心理环境创设理念分析现实中幼儿园心理环境创设合理性。
3. 意识到幼儿园心理环境对幼儿发展的重要意义,树立科学的幼儿园心理环境教育观。

思维导图

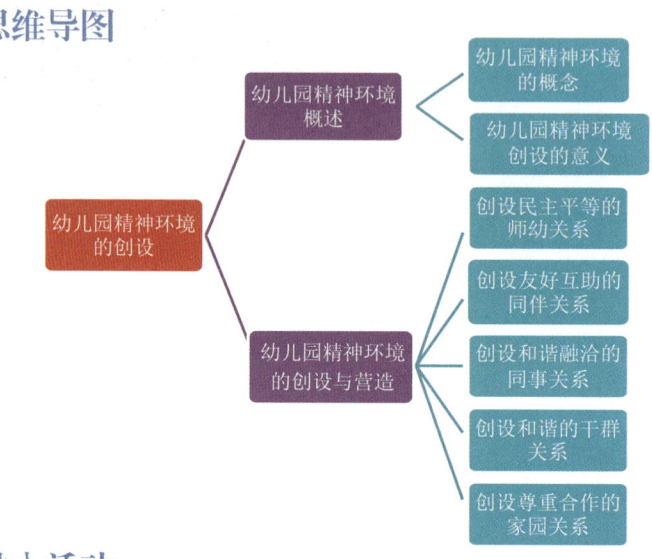

微信扫码获取

文本资料、环创实例、拓展练习

导入活动

妮妮妈妈一直认为幼儿园一定要最好、最贵的,这样,才能用一流的硬件以及完美的软件给孩子打一个很好的基础。妮妮妈妈自然为妮妮选择了当地数一数二的幼儿园:三层教学楼,广阔的操场,每个班二十位小朋友、三位老师。可是,此次上学,以失败告终——妮妮在第三天发烧,借此结束了短暂的幼儿园生涯。第二次入园,妮妮妈妈选择了一个市直单位下属的幼儿园,幼儿园不大,平房,只有六个班——大、中、小班各两个,每个班三十位小朋友、两位老师。本来只想作为一个过渡,却没有想到,妮妮竟然非常喜欢该幼儿园,再也不肯转学!为什么妮妮那么喜欢这所外表看起来"平平无奇"的幼儿园呢?妮妮妈妈经过观察发现,每次接送孩子时,总能看到老师热情亲切地与孩子们、家长打招呼,家长之间也互相问候,幼儿之间也互相问候。而这种温暖的氛围,是妮妮妈在第一家幼儿园所没有感受到的。

思考:上述案例对于幼儿园环境创设有何启发意义?

幼儿园环境是由物质环境和精神环境共同构成的。当前社会物质水平提升较快,幼儿园对物质环境的关注与投入不断加强。相较于显性的物质环境而言,隐形的、不易见的精神环境则往往容易被幼儿园忽视。如此一来,幼儿园的环境创设就难以达到理想效果。"精心"创设的物质环境能否转化为幼儿的学习经验,还要依赖于幼儿所感受的精神环境。基于此,幼儿园环境应当处理好物质环境与精神环境的关系,只有两者相互配合、协调并进,才能最大化地促进幼儿的发展

第一节　幼儿园精神环境概述

一、幼儿园精神环境的概念

幼儿园精神环境具体指幼儿与教师之间、幼儿与同伴之间、教师与教师之间、教师与领导之间、教师与家长之间的人际关系及幼儿园的班风、园风等因素交织在一起形成的气氛或者氛围。

二、幼儿园精神环境创设的意义

1. 有利于幼儿形成积极、稳定的情绪情感

《指南》健康领域的教育建议指出："营造温暖、轻松的精神环境，让幼儿形成安全感和信赖感。"幼儿的身心健康发展，不但需要身体的健康发展，还需要心理的健康发展。良好的情绪情感是幼儿心理健康的重要标志，积极稳定的情绪是幼儿心理健康的重要表现。心理学研究表明，幼儿的情绪情感具有不稳定、易冲动、易外露等特点，而且易受外界环境的影响。为此，幼儿园应当为幼儿提供一个温暖、轻松、支持的精神环境，使幼儿感受到成人给予的尊重、理解、关爱和接纳，使幼儿愉快地生活和活动，并形成安全感和对成人的信赖，这有助于幼儿心理健康的发展。例如，对于刚入园、年龄较小的幼儿，常出现分离焦虑，此时，教师的微笑和拥抱会让幼儿紧张的心情得以舒缓，感受到来自教师"妈妈般"的温暖与关爱（图 5-1）。又如，当教师发现幼儿有退缩或激烈的情绪时，应当首先尊重幼儿此类情绪的表达，帮助幼儿适当地缓解消极情绪，进而了解幼儿的内心世界。可见，良好的精神环境渗透着教师对幼儿的关爱、支持和尊重，也有利于幼儿积极稳定的情绪情感的形成。

2. 有利于幼儿语言的发展

人类语言发展的关键时期是三岁到六岁，良好的精神环境对幼儿的语言发展起着举足轻重的作用，当外部环境有利于营造自然、宽松、愉悦、积极的精神环境时，幼儿才能自如地运用语言，在运用中习得语言，促使语言能力的发展，提高其学习与交往的能力。《指南》中也明确提出"幼儿的语言能力是在交流和运用的过程中发展起来的。应为幼儿创设自由、宽松的语言交往环境，鼓励和支持幼儿与成人、同伴交流，让幼儿想说、敢说、喜欢说并能得到积极回应。"（图 5-2）

图 5-1　亲亲抱抱增进幼儿的安全感和信赖感

图 5-2　师幼共同阅读营造温馨交流环境

2016年9月10日，我刚来到这个实习班级时，很多小朋友都会非常热情地和我打招呼，乐乐这个小女孩却总是低着头，不理我。我感到非常好奇，就蹲下来，试着和她打招呼，她却只是看着我，不说话。于是，我一直在她身边，尽可能多地找机会和她交流，但是很少看见她的回应，更别提有什么语言交流了。晚上放学时，我恰巧经过走廊，听见乐乐对妈妈说："妈妈，我们班今天来了一个实习老师，可好看了。"我当时听了非常感动。于是我走向前去，拥抱了她一下并鼓励她说："谢谢你的夸奖，没想到乐乐的声音这么好听呀，你以后一定要多说给我们听听哦！"她听到我的表扬开心极了，又蹦又跳的。就这样，第二天来幼儿园，她也试着主动和我打招呼，也变得开朗了不少。

3. 有利于幼儿良好个性的形成

幼儿的社会性及个性是在人际交往和社会适应的过程中发展和形成的，幼儿阶段是人的社会性发展的重要时期，也是人的个性初具雏形的时期。幼儿在与成人或同伴交往的过程中，不仅学习如何与人相处，也在学习如何看待自己、对待他人，不断发展适应社会生活的能力。因此，家庭、幼儿园和社会应共同努力，为幼儿创设温暖、关爱、平等的家庭和集体生活氛围（图5-3），帮助幼儿与周围人群建立良好的人际关系，促进幼儿形成良好个性，为幼儿的社会性发展提供有力的支持和帮助。

图5-3　教师关心入园不适幼儿营造温暖的精神环境

昱昱刚入幼儿园，有些不适应，经常哭闹。对于昱昱的哭闹，我不是以抱怨、责备、训斥的态度对待他，而是经常多给他一些关心和安慰，多同他交谈，给他情感上的理解和支持。我用加倍的爱来温暖他、帮助他，手把手教他插玩具，教他如何穿鞋子、叠衣服等。并告诉他，当你有不会干的事可以找老师来帮忙。我还利用"幼儿园像我家，老师爱我，我爱他；老师夸我好宝宝，我说老师像妈妈"这首小儿歌，告诉他，上幼儿园真好，有两个妈妈，一个是家里的妈妈，一个是幼儿园的妈妈，晚上家里的妈妈陪你玩，白天幼儿园里的妈妈陪你玩。由于他比其他孩子更渴望母爱、师长之爱，为此他把我当成了他在幼儿园的妈妈，有什么事情都要和我来分享。渐渐地他对我有了依赖，喜欢和我玩耍交谈，甚至连我开会都要跟着一起去。

4. 有利于幼儿探究能力的发展

好奇心和兴趣是幼儿科学探究的前提，幼儿的科学探究需要安全的、具有支持性的心理氛围，鼓励幼儿提问，支持幼儿探究。幼儿园教师和家长自身应该树立良好的榜样，引导幼儿接触大自然，不但为幼儿探究提供良好的物质条件，更重要的是要为幼儿的探究提供精神上的支持（图5-4）。在探究中，教师和家长应允许幼儿

图5-4　教师为幼儿营造宽松的探索环境

出错，弄脏甚至是弄坏材料。科学教育的理论和实践证明，错误在幼儿的科学探究和经验积累中具有建设性的意义。良好的幼儿园精神环境是倾听幼儿的想法，帮助幼儿理清思路，包容幼儿科学探究中的错误，允许幼儿有出错的权利，进一步支持和引导幼儿继续探究。

5. 有利于幼儿想象和创造力的发展

已有研究表明，当幼儿在画意愿画时，教师给学前儿童以充分的精神自由，积极鼓励学前儿童大胆想象，大胆表现，想画什么就画什么，让学前儿童沉浸在轻松愉快、自由自在的创作情绪中（图5-5），儿童往往能够画出许多童趣十足的内容，表现出意想不到的丰富构想，而如果教师急于将自己的主观意图强加给儿童，一会儿说这样画不好，一会儿说那样画不好，横加干涉，无理责怪，学前儿童就会紧张，画出来的画往往主题单调、构思简单、内容贫乏、想象呆板。可见，宽松的精神环境使幼儿敢于并乐于表达，促进想象和创造力的发展。

图5-5 教师为幼儿创造自由、宽松的绘画环境

一次美术活动中，李老师让幼儿画出自己打算乘坐哪种交通工具去旅行，会看到什么？要求刚一提出，李老师发现大部分孩子都是打算画乘汽车、飞机、轮船去看海、看花、看日出等，但有一个孩子的回答让大家都很震惊，他说他要让月亮姐姐带他去月球看望外星人，还要带上一些花种子到那里去种。李老师对他的想法及时给予了认同和表扬。

第二节 幼儿园良好精神环境的创设与营造

幼儿园人际环境是幼儿园精神环境的核心组成部分，为此，幼儿园良好精神环境创设需主要从幼儿园人际环境着手。幼儿园人际环境主要包括师幼关系、同伴关系、教师与教师之间的同事关系、教师与领导之间的干群关系、教师与家长间的家园关系。

一、创设民主平等的师幼关系

《纲要》明确指出，教师应是幼儿活动的支持者、引导者、合作者。这表明教师与幼儿之间的关系应该是民主平等的，是以教师、幼儿为双主体的平等关系。师幼关系是幼儿园人际关系的核心，良好的师幼关系的建立能够帮助幼儿建立良好的同伴关系。为建立民主平等的师幼关系，教师应做到以下几方面：

1. 尊重、平等对待幼儿

良好的人际关系建立在彼此尊重和平等的基础之上（图5-6）。幼儿是独立的个体，具有人格尊严和主观能动性，教师应尊重幼儿，自觉维护幼儿的人格尊严和合法权益，不讽刺、挖苦幼儿，不体罚或变相体罚幼儿。教师尊重和平等对待幼儿表现在：允许幼儿大胆地表达自己的想法和看法；允许幼儿有自由活动的时间和空间；允许幼儿探索发现并有出错的权利等。总之，尊重、平等是建立良好的师幼关系的前提。

峰峰从小班开始就是个让老师头疼的孩子，活动中他喜欢去碰碰、打其他孩子或是和其他孩子讲话，或是玩东西；活动结束后他也时常去招惹别的幼儿。因此，我们班大部分的孩子都不喜欢和他玩。他从老师这里得到的都是呵斥和批评。然而有一天班里发生的一件小事，让我对他改观不少。某次擦椅子活动中，有孩子跑来控诉峰峰抢别人椅子。我听到后第一想法就寻思着他怎么又干坏事了？我冲到峰峰面前，问他原因，了解清楚后才知道原来峰峰

图5-6 蹲下来与幼儿交流营造平等尊重的师幼关系

擦完自己的椅子后要帮别人擦椅子，因此被小朋友误认为抢椅子。我当众表扬了峰峰，他的头低低的，有点不好意思。原来"坏"孩子并不坏，是我们带着有色眼镜去看待他们了。之后，我在关注这些所谓的"坏"孩子时，尽可能给予他们解释的机会，从而弄清事实，针对他们好的地方多进行表扬，针对不好的地方也少批评，多引导、教育他们，从而给他们一个平等对待的态度。

2.主动亲近、关心幼儿

教师对幼儿的爱是良好的师幼关系的润滑剂。教师爱幼儿的表现在主动亲近、关心幼儿，让幼儿感受到教师是可亲、可近、可信赖的，进而形成安全感和信赖感，从而喜欢幼儿园，在幼儿园中获得发展。教师在一日生活中，应积极主动与幼儿交流，了解幼儿的想法和看法；关注幼儿的情绪状态，当幼儿有负面情绪或者出现困难时，应接纳和帮助幼儿。

3.正面评价、积极回应幼儿

幼儿园时期的幼儿自我评价处于他评阶段，周围人的评价对于幼儿的自我发展影响很大。而教师又是幼儿的重要他人，教师对幼儿的评价不但直接影响幼儿的自我评价，还间接影响其他幼儿对他的评价。为此，教师应注重发现幼儿的优点，正面评价幼儿，帮助幼儿形成积极的自我。当幼儿出现错误时，教师切忌在众人面前批评指责幼儿，而是以自己的行动接纳幼儿。此外，当幼儿主动发起交往的信号时，教师应积极回应幼儿，让幼儿感受到自己是被教师重视和关注的，从而激发进一步交往的意愿。

二、创设友好互助的同伴关系

同伴关系指年龄相同或相近的儿童之间的一种共同活动并相互协作的关系，或者主要指同龄人之间或心理发展相当的个体间交往中建立和发展起来的一种人际关系。儿童在同伴群体中互相观察、教导、模仿、讨论、协商、合作、学习和锻炼各种社交技能、社会行为，发展适宜的情感、态度、自制力和多样的问题解决能力。因此，促进同伴间交往，在儿童中建立一种积极、良好的互动关系，从而形成一种有利于儿童学习和发展的合作性学习氛围，是教师环境创设能力和教育实践能力的重要组成部分。

幼儿园教师是幼儿同伴关系的重要影响因素。为此，教师应创设良好的交往环境，为幼儿之间友好互助的同伴关系奠定基础，具体可从以下几方面着手：

1. 创设游戏环境，促进交往

游戏是幼儿同伴交往的主要形式和途径，教师应创设适宜的游戏环境促进幼儿间的交往，例如创设与主题活动相关的社会性游戏，通过娃娃家、小医院、小超市等游戏，满足和支持幼儿同伴交往的需要；教师注重游戏情境的创设，多开展同伴合作的游戏，促进同伴关系的发展（图5-7）。此外，教师还应重点关注"被拒绝型""被忽视型"幼儿的同伴交往，教给他们交往的技巧，鼓励和引导他们积极参与同伴交往，使其体验到人际交往的快乐。

图5-7 合作类游戏促进幼儿间的同伴关系

2. 教给幼儿交往技巧以获得同伴接纳

幼儿在同伴交往中会因对空间、需求及规则的维护，以及幼儿自身等原因而遭到拒绝，导致不被同伴接纳。我们常教导幼儿，加入对方活动前，要先有礼貌地发出请求，获取对方的同意，但事实却是常被对方拒绝，什么原因呢？此种请求式的加入是成人从人际礼仪角度出发所进行的指导，这种直接式的请求加入，易让对方产生一种被打扰的不悦感，从而生成防备排斥心理，不易被接纳。我们可以指导幼儿以间接的方式加入——幼儿可以先安静在一旁倾听、观察，了解对方正在进行的活动、交谈的话题，洞察其需要，然后适时跟上他们的活动、话题或提供一种建议、帮助，这种自然的、不露痕迹的衔接式、服务式加入更易被接纳。

娃娃家是孩子们最爱的区域，每天一到区域活动开放时间，特别是女孩都争先恐后地进去玩，可是"娃娃家"只设置了四块进区牌，虽然进区牌没了，但还有人在"娃娃家"边上流连。今天和往常一样，娃娃家里的进区牌没了，雯雯向正在玩游戏的丁丁发出请求："我可以加入你们的游戏吗？"丁丁："不行，娃娃家的人满了。"因此雯雯没能成功进入娃娃家，可是她又特别想玩。于是雯雯向老师"求救"，老师支招："想办法，看看能不能给她们帮忙。"雯雯听后乐颠颠地去了，只见她在娃娃家旁边观察了一会儿，正好厨房里"妈妈"把菜烧好了，等着人送到房间去，喊了几声没人应，雯雯正好接上去端着烧好的菜送到房间。

3. 重视培养幼儿的移情能力

所谓移情，就是指一个人能站在别人的角度观察事物，了解对方的观点，体验对方的情感。研究认为移情与幼儿助人、分享等亲社会行为存在显著相关，移情能力得分越高的儿童表现出越多的亲社会行为或利他行为。特别是许多研究都倾向于支持移情是亲社会行为的重要动机源，即移情可以通过唤醒个体想要减少他人痛苦的利他动机来促进其亲社会行为。还有学者指出移情有利于减少幼儿的攻击性行为。幼儿的攻击性行为作为反社会行为的一种，其频发性和普遍性是幼儿发展的重要特点，对其进行控制与纠正也一直是心理学家和社会学家高度关注的问题，其中移情训练是控制和减少幼儿攻击性行为的一种重要方法。为此，幼儿园教师应注重幼儿移情能力培养，帮助幼儿克服自我中心，体察和感受对方的情感，减少攻击性等反社会行为，表现出更多的亲社会行为，以利于幼儿的同伴交往。

在移情干预课上,我们模仿故事中小动物发生矛盾时的语言和情绪,我希望孩子们在模仿时,能够有创造性地想到解决问题的新办法,我主动邀请了小宝上来表演,他开始说话抬头看着大家,声音也比以前洪亮一些。他认真告诉我们,当他和小朋友因为心爱的玩具发生矛盾时,他会主动谦让给别人,或者两个人可以轮着玩,这样他会很开心。

三、创设和谐融洽的同事关系

心理学家的大量研究和人们亲身的生活实践都已经证明,正常的人际交往和良好的人际关系是个性正常发展、身体保持健康、生活具有幸福感和事业获得成功的必要前提。幼儿园教师与周围同事形成融洽关系,尤其是与班级内教师和保育员之间形成良好的人际关系,不仅有利于彼此的专业发展和工作幸福感的提升,更有利于幼儿的健康全面发展。为建立融洽的同事关系,应注意以下几点:

1. 相互理解,相互支持

2013年教育部颁发的《幼儿园教职工配备标准(暂行)》指出:"全日制幼儿园每班配备2名专任教师和1名保育员,或配备3名专任教师。"幼儿园教师的工作性质决定了其需要与班级其他同事共同参与本班级保教活动,而彼此之间的理解和支持是保证班级工作正常开展的前提(图5-8)。

周二下午,主班Z老师开完全园班主任例会回到班级里,此时幼儿们正在自由地玩着区角游戏,而配班Y老师在整理用过的教玩具,

图5-8 同事间相互交流探讨

保育员B则在区角旁观察着玩耍的幼儿,并不时地与幼儿进行亲切的言语互动。接下来,发生了这样一段对话。Z:"刚才开会,园长要求各班这两天结合各班的教育主题布置环境,后天下午离园前园长和年级长要到各班进班检查评比。"Y:"喔,咱们班这周的教育主题是'灰姑娘',孩子们可再做一些'魔法棒''水晶鞋'等来布置装扮环境啊。"Z:"哈哈,就知道你最有想法了。可是时间比较紧,今天下班后能不能加个班,咱俩再讨论下这个事情,然后赶紧把环境材料给做了?"Y:"好的!"B:"看你俩那么辛苦,我下班也留下来帮你们吧,给你俩打打下手。"Z:"那怎么行啊,你老公还在外地出差,你得早点回家照顾孩子。"B:"没事儿,孩子的奶奶在家呢。"Z:"那好,今晚咱们就一起做环境材料,晚餐我请客!"

2. 相互学习、共同提升

教师之间和谐融洽的同事关系还需要彼此相互学习,共同提升。新入职的教师可以向有经验的教师请教教育教学经验,促进自己专业成长;有经验的教师也应多关心和支持新教师,在工作和生活上给予引导和帮助,彼此取长补短,共同成长。

四、创设和谐的干群关系

幼儿园的干群关系是指幼儿园里干部与群众的关系,也是领导与被领导的关系,是园领导与教职工的关系。和谐的干群关系有利于教职工工作积极性的调动,有利于教职工队伍的稳定,更加有利于幼儿园教育教学工作的顺利开展以及教育质量的提高。

1. 关怀新教师,帮助新教师获得专业成长

新手教师是幼儿园的新鲜血液,为幼儿园注入新的活力。而新手教师在幼儿园工作中能否快速适应和胜任幼儿园工作对其专业发展影响重大。为此,园长应关怀新教师,通过培训、师徒结对等方式引领新教师胜任教师角色,提高幼儿园保教质量(图5-9)。

2. 合理安排工作量,增强幼儿园教师职业幸福感

幼儿园教师群体多是女性,每个确定生育子女的女性教师大都要经历

图5-9 新教师岗前培训提升归属感

怀孕、生产、哺育子女的过程。而在怀孕期间女性由于身体等各方面的变化难以承担幼儿园众多繁杂琐碎的工作,加之生育子女后的哺乳期间的工作安排等都是需要园长引起重视的问题。由于幼儿园教师怀孕期间和哺乳期间是最需要关心和照顾的时期,如何分配工作既能不影响教师的身心状况又不影响教师的专业发展?园长应结合幼儿园实际,设身处地为教师着想,合理安排工作量。

教师G刚怀孕时班上就只有她一个老师,一个保育员。9月份要换教室,还要布置环境,整整一个月都很辛苦,当时G老师妊娠反应较为严重,闻到东西就吐,感觉很不舒服。当时G老师对这样的安排很有想法,觉得领导不照顾老师的特殊情况。休完产假后G老师调到另一幼儿园工作,第一天到园打扫卫生时,园长说的话就让她特别感动:"你们在考虑工作的时候要注意照顾一下那些家里孩子比较小的老师,给她们的工作量稍微少一些,让她们早点回家,去照看孩子,这两天正好也没有小朋友在园,能照顾你们就多照顾一些。"听了这个话,G老师心里很是温暖,觉得这个园长很有人情味,工作也就更认真了。

五、创设尊重合作的家园关系

《纲要》指出:"家庭是幼儿园重要的合作伙伴。应本着尊重、平等、合作的原则,争取家长的理解、支持和主动参与,并积极支持、帮助家长提高教育能力。"家庭和幼儿园是幼儿生活的两大主要环境,为此,家园应形成教育合力最大化地促进幼儿发展(图5-10)。为促进家园有效合作,幼儿园教师应从以下方面着手:

1. 发现问题,积极解决

现在家庭中多以幼儿为中心,对幼儿倾注大量的心血,甚至有的家庭对幼儿的许多活动包办代替。家长以为对幼儿好的方式有可能对幼儿的成长和发展不利。面对家庭的教养观念与幼儿园的科学教育观念间的冲突,幼儿园教师应及时与家长沟通,反馈幼儿的在园

表现，积极找出原因和对策，让家长感受到教师的关心，形成家园共育意识，共同促进幼儿的发展。

2. 善于沟通，化解矛盾

幼儿园的教育工作是很复杂的，涉及幼儿的方方面面，也紧密联系着家庭。幼儿教师日常工作中，常常会听到来自幼儿家长的抱怨，甚至还会面对家长的愤怒情绪。为此，作为幼儿园教师，要善于与家长沟通，以一种平等真诚的态度对待家长，将家长视为朋友，尊重家长的意见，虚心听取家长的建议，那么教师与家长的关系就会比较融洽。

图 5-10　亲子活动有效促进家园关系

下午，乐乐在阅读区看一本图画书，后来亮亮过来了，看到书上的图画，就想拿过来看，结果在争抢这本图画书时发生了摩擦，亮亮推了一下乐乐，从乐乐手中拿走了那本书。内向的乐乐没有作声，也没有告诉老师。放学回到家后，他告诉妈妈，说幼儿园的小朋友推了他，把书从他手中拿走了，乐乐妈妈听后感到十分不快。第二天早晨妈妈送乐乐来上学时，气势汹汹地对带班老师说："我们家孩子昨天被其他小朋友欺负了，你们怎么也不管管。"王老师听后，先是向家长表示歉意，接着向家长询问到底发生了什么。王老师认真地倾听了妈妈的话，了解事情发生的经过，并对乐乐妈妈说："我们今后会注意引导孩子和谐相处，避免这样的问题再次出现，请您放心！"乐乐妈妈点了点头。

<u>拓展阅读</u>

1. 李季湄，冯晓霞. 3—6岁儿童学习与发展指南（解读）. 北京：人民教育出版社，2013.

2. 教育部基础教育司组织编写. 幼儿园教育指导纲要（试行）解读. 南京：江苏凤凰教育出版社，2017.

3. 袁爱玲. 幼儿园教育环境创设理论与实操. 上海：华东师范大学出版社，2017.

4. 汝茵佳. 幼儿园教育环境与创设. 北京：高等教育出版社，2006.

<u>实操练习</u>

1. 绘制一幅能激发幼儿食欲的海报。

2. 绘制一幅能让幼儿感到平静，容易入睡的图画。

第六章 园外环境资源的开发与利用

学习目标

1. 认识本土环境资源对幼儿园环境创设的开发利用价值。
2. 掌握幼儿园与家庭、社区合作的重要意义与方法策略。

思维导图

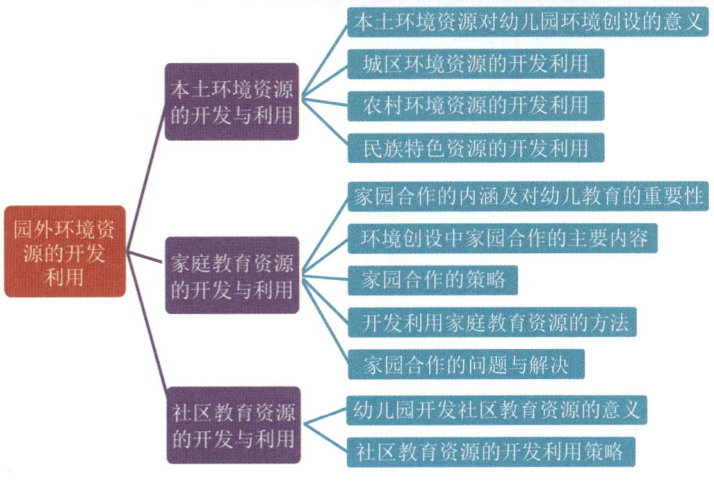

导入活动

同学们能通过图6-1、图6-2、图6-3、图6-4的环境创设主题猜到当地的自然、人文资源是什么吗？幼儿园活动室大门布置成了山峦；山峰的秘密蕴含在主题墙里；以当地的特色作为主题开展游戏……这些都是幼儿园教师开发利用园外环境的举措。充分利用本土资源，把自然生态环境融入孩子的学习生活，将教育与幼儿生活环境紧密相连，既能丰富幼儿生活经验，而且可以为幼儿提供在环境中学习成长的机会。

图6-1 幼儿园本土特色游戏环境（1） 图6-2 幼儿园本土特色游戏环境（2） 图6-3 幼儿园本土特色游戏环境（3） 图6-4 幼儿园本土特色游戏环境（4）

微信扫码获取

文本资料、环创实例、拓展练习

根据幼儿园环境创设的开放性原则，幼儿园环境创设应遵循幼儿园与家庭、社区的合作的原则，将大、小环境有机结合，形成开放的幼儿教育系统，取长补短，培养符合时代要求的幼儿。2001年教育部颁布的《纲要》中指出："幼儿园应与家庭、社区密切合作，与小学相互衔接，综合利用各种教育资源，共同为幼儿的发展创造良好的条件。"本章就幼儿园与家庭、社区合作，开发利用本土资源、家庭教育资源、社区教育资源的意义和方法策略进行具体阐述。

第一节 本土环境资源的开发与利用

俗话说，一方水土养一方人。幼儿园作为一个既开放又相对封闭的场所，与其外部的社会环境和自然环境有着广泛的联系。如果幼儿园能充分利用本土资源，将地区特色融入环境创设之中，营造出一个与幼儿生活经验有更加直接交互作用的教育环境，将会促使幼儿对自己家乡产生更为浓厚的兴趣和积极的情感。《纲要》明确指出："充分利用自然环境和社区的教育资源，扩展幼儿生活和学习的空间"。

一、本土环境资源对幼儿园环境创设的意义

本土资源是指幼儿园所在地区的社会资源和自然资源，社会资源包括当地的人力资源、物力资源、财力资源、信息技术等；自然资源包括当地生物资源、气候资源、土地资源等。本土资源是幼儿园教育中值得开发的一个宝藏，创设具有本土特色的教育环境，对幼儿教育的实施和幼儿的发展都具有重要的意义。

1. 利用本土资源进行环境创设有利于打造幼儿园特色环境

利用本土资源对幼儿园进行环境创设，能够丰富幼儿园环境创设的形式和内容，突出办园特色。我国地大物博，不同地区的社会资源和自然资源有较大差异。各地区的幼儿园如果能从当地的实际情况出发，将当地地域条件、风土人情、文化传统等融入幼儿园环境创设，并结合园所文化、经济状况和师资条件，创设出具有地方特色的幼儿园环境，从而可以避免幼儿园环境创设的"雷同"现象。

常州本土文化进幼儿园

江苏省常州市某幼儿园将常州本土的名小吃常州大麻糕、银丝面，艺术品梳篦，名胜古迹红梅公园、文笔塔作为教育资源融入"我爱常州"大班主题教育活动。在幼儿充分了解本土资源的基础上，师生共同创设出具有常州地方特色的幼儿园主题环境和游戏环境，使本土的文化传统在幼儿园得到传承，进而取得良好的教育效果（图6-5、图6-6）。

图6-5 幼儿园本土特色游戏环境（1） 图6-6 幼儿园本土特色游戏环境（2）

幼儿园环境创设突出本土资源特色，需要教师对本土环境资源的有效性加以识别和选择，恰当地加工、转化、开发以及充分利用，既让幼儿在熟悉的场景中学习生活，又要发

挥环境的教育性和适宜性，是一种"润物细无声"的教育方式，使幼儿在幼年时期获得本土环境资源的熏陶。

2. 利用本土资源进行环境创设有利于培养幼儿爱家乡的情感

在幼儿园环境创设中融入本土资源，有助于幼儿对来自生活的知识经验深入了解和认识，更容易激发幼儿热爱家乡的情感。《纲要》社会领域的内容与要求第七条指出："教师充分利用社会资源，引导幼儿实际感受祖国文化的丰富与优秀，感受家乡的变化和发展，激发幼儿爱家乡、爱祖国的情感。"利用本土资源创设幼儿园环境，不仅能加深幼儿对家乡风土人情的认识，还可以增强幼儿对家乡文化和传统文化的认同感，在潜移默化中增加幼儿的归属感。

本土课程资源开发与整合

浙江瑞安市某幼儿园开展"'亲亲瑞安'本土课程资源开发与整合"的课题研究，将瑞安本土资源经过反复的研讨、斟酌、整合，分解为瑞安民间艺术、瑞安民俗风情、瑞安名胜古迹、瑞安名人轶事、瑞安本土特色、瑞安本土经济六大模块。以"幼儿发展"为"经"，以"瑞安本土文化资源"为"纬"，将这六大模块运用于幼儿园环境创设、教学和实践活动中，有效帮幼儿认识家乡、热爱家乡，在当地起到了很好的模范带头作用。

3. 利用本土资源进行环境创设有利于幼儿园园本课程建设

园本课程建设的意义不在于每所幼儿园都要有自己的课程，而应该关注的是由本土教育资源所构成的本土教育环境对幼儿成长的积极价值。努力营造一个与幼儿的生活经验有直接交互作用的教育环境，是园本课程建设的初衷之一。此外，从幼儿教育的实用性来看，幼儿园不仅要追求让幼儿在熟悉的文化环境里学习和成长，还应促使幼儿把在课程里学习和感悟到的直接应用到其日常生活之中。这也要求幼儿园的课程必须立足于本土资源。

利用本土资源创建幼儿园特色

福建省南平市某幼儿园全体教师共同参与课题"利用本土资源创建幼儿园特色"的研究，以课题为载体，以探索"顺昌本土文化"为切入点，将本土资源——顺昌美食资源、顺昌美景资源等运用于幼儿园课程中，注重本土性与多元性融合。在教学实践中，教师和幼儿共同生成丰富的主题探究活动，如"家乡水果多""笋乐园""蘑菇朵朵""顺昌名茶""顺昌美食""华阳祖山""美丽的宝山""元坑古镇""红色洋口"（可参看图6-1至图6-8）等，引导幼儿主动参与、积极探索、表现表达、合作分享，让幼儿体验、感受家乡文化，激发爱家乡的情感，构建本土特色课程。

图6-7 幼儿园本土特色主题环境（1）

图6-8 幼儿园本土特色主题环境（2）

二、城区环境资源的开发利用

城区幼儿园的财政投入、师资队伍和办学设施状况相对较好，其所在位置通常是一个区域的经济、政治、文化的中心，可利用的环境资源种类丰富。城区幼儿园教师应充分了解分析城区的环境资源，针对幼儿状况加以利用，在幼儿园环境创设中高频率、高效率地融入本土环境资源，促进幼儿的发展。

例如，江苏省苏州市某幼儿园对苏州地区所蕴含的环境资源进行了较为深入的分析，从中提炼出富有教育价值的本土文化资源，整理归纳为"吴侬软语、历史名胜、风俗礼仪、现代潮流、食在苏州"五类进行相关环境创设，以主题活动形式对幼儿进行教育，引导幼儿在熟悉的本土环境中积累知识经验的同时，促进隐性的情感、态度与价值观的发展。

1. 认识城区环境资源的价值

我国地域辽阔，各个城市地区的地理位置不同，文化底蕴各不相同，政治、经济和文化建设发展也存在较大差异。幼儿园要根据本园所处的城区环境特点，从实际出发，因地制宜地开发环境资源，丰富幼儿园环境创设，使其产生教育价值。例如，江苏省南京市是有优秀历史文化传统的省会城市，幼儿园不仅可以创设认识南京的主题活动环境，开展"我是南京人"等主题教育活动，而且南京还是军区所在地，可以利用这一资源，开展关于"绿色的军营"的主题活动，师生共同进行环境创设并收集关于军营的资料，教师还可以带领幼儿就近参观军营，回来之后将对军营的理解认识布置在环境中，让幼儿通过与环境的互动，亲身体验，促进知识、情感和能力的发展。

2. 对城区环境资源进行评估

幼儿园环境创设应对当地环境资源的教育性、适宜性、参与性、安全性、经济性等方面进行评估。当前幼儿教育缺少的不是教育资源，而是对丰富多样的教育资源，包括环境资源的识别、选择，适宜的加工转化和充分的开发利用。原则上讲，凡是有助于促进幼儿主动和谐发展的教育资源都应该得到开发利用。城区幼儿园可以开发周边自然资源和适合幼儿的社会环境资源如历史古迹、文化名人、代表建筑、生活习惯等作为幼儿园环境创设内容。图6-9是苏州市相城区某幼儿园基于乡土资源进行的环境创设。

图6-9 江苏省苏州市某幼儿园本土文化特色

3. 对城区环境资源进行管理

城区幼儿园对环境资源的开发利用不是一时性的，而是长久性、动态性的。因此幼儿园要及时对环境资源进行记录整理、分类管理工作，使环境资源更好地为幼儿园教育服务。在环境资源管理过程中，首先根据资源的类别如物质资源、人力资源、文化资源等进行分类记录，包括内容地点、负责人、联系方式、教育功能等信息；其次根据幼儿园情况和环境资源设置合理的环境创设目标要求，幼儿园情况包括幼儿的身心发展水平、学习特点、班容量等；再次要做好过程管理，使幼儿园环境创设过程与城区教育资源紧密地结合起来；最后做好城区环境资源开发利用的总结评价，优化资源利用，推进幼儿园环境创设质量的不断提高。

> **城市幼儿园环境创设"绿色的军营"**
>
> 江苏省南京市是军区所在地，幼儿经常看到有解放军在城市中出现，非常好奇。于是，幼儿园的教师们就开展了大班主题活动课程"绿色的军营"。下面是围绕主题活动进行的环境创设。孩子们在参观、了解军营后，把自己的认识、想法通过各种作品呈现在幼儿园环境中（图6-10、图6-11、图6-12、图6-13）。

图6-10　城市幼儿园本土特色环境（1）　　图6-11　城市幼儿园本土特色环境（2）

图6-12　城市幼儿园本土特色环境（3）　　图6-13　城市幼儿园本土特色环境（4）

三、农村环境资源的开发利用

农村是指主要以务农为业的劳动者聚居的地方，农村幼儿园特指除了县城以外的其他乡镇、村庄的幼儿园。我国是农业大国，幅员辽阔，物产丰盈，因此也决定了农村幼儿园环境资源丰富且具有多样性，合理开发利用农村当地资源既可以有效地促进幼儿园的发展，又能够丰富幼儿园的课程，有利于幼儿认识大自然、适应大社会，提高幼儿园的教育质量，促进幼儿的发展。

1. 挖掘农村环境资源的教育价值

挖掘农村环境资源的教育价值，是提高农村幼儿园教育质量的有效路径。农村的环境资源富有特色，丰富并且充足，但不同的农村幼儿园开发与利用的环境资源存在区别，幼儿园要发挥当地环境资源的优势，使环境具有本土特色，展示地域不同的风格，增进幼儿的学习兴趣，扬长避短，因地制宜挖掘农村环境资源的教育价值。

农村拥有城市所不能比拟的地理优势，不仅包括自然资源，还包括社会资源，这些资源涉及幼儿生活中的各个方面，为幼儿园环境创设提供了极为广阔的空间。幼儿可以从中全面认识社会、认识大自然，并将这些学习内容渗透现实生活中的方方面面，不但能让孩子加深对家乡的深厚情感,还可以体验到家乡的魅力所在,激起孩子认识世界、认识社会、认识家乡的兴趣。例如江苏省常州市新北区孟河镇是齐梁故里、孟河医派发源地、革命先驱恽代英的故乡。所处地区自然环境资源丰富,主要包括动物资源、植物资源、风景名胜资源;社会资源主要包括民间文学、民间风俗、民间游戏、民间艺术。教师可以对这些自然资源和社会资源进行挖掘,找出适合本园、本班幼儿水平与特点的教育内容,进行幼儿园环境设计和实施。

2. 提高开发利用农村环境资源的能力

农村幼儿园可以采取各种方法,提高教师开发利用农村环境资源的能力。开发利用农村环境资源要求教师不仅有丰富的理论知识,而且要有敏锐的观察力和教育智慧。能根据环境资源的价值并予以科学适宜的开发与利用。例如江苏省常州市新北区孟河镇的农村幼儿园利用自然资源创设幼儿园环境时,运用幼儿常见的农作物的秸秆进行制作,放置在幼儿的活动室内外,也用了一些实物的标本、挂图、扎花等布置幼儿园环境,还把幼儿最喜欢玩的沙土搬到幼儿园布置成幼儿的活动角。教师除了布置幼儿园环境以外,还可以在幼儿户外活动、就餐的同时融入当地的民间戏曲、民谣以及民俗游戏等,让幼儿受到熏陶和感染。同时让幼儿能在幼儿园随时随地地见到和接触到农村环境资源,鼓励幼儿参与环创其中,激发幼儿的兴趣,提升幼儿的想象力、创造力、审美力等。开发与利用环境资源,要求教师具备较强的组织能力和沟通能力,在进行环境创设时考虑到教育性、适宜性、参与性、经济性、安全性等原则,提高教师的教学智慧。

3. 农村环境资源开发利用的科学管理

农村幼儿园对环境资源的开发利用需要园长带头、专家指导、教师钻研。所有农村环境资源开发利用的过程资料要记录整理,汇编成册,以便资源共享。园长要起好带头作用,鼓励带动全园教师进行农村环境资源的开发利用,通过实地参观、教研带动、归类整理等多种管理与操作方式,将碎片化的农村环境资源进行整合归类,构建主题式农村环境资源利用库,并组织教师对环境资源库进行及时整理与维护,使农村环境资源发挥推动教师专业发展、促进幼儿全面发展的作用。

以农村自然材料进行环境创设,开发农村幼儿园特色课程

秋季来临的农村,老师在设计的环境创设方案里发挥个人创意,打造了充满大自然气息的秋季主题环境创设。老旧的原木、稻草秆搓成的草绳、农作物的果实等,都走上了幼儿园的墙面。幼儿徜徉在充满秋色的环境中,感受着丰收的气息和大自然的清甜味道。

秋季稻谷成熟,把稻草晒干搓成稻草绳,没去壳的稻谷和一根根稻草搓成的绳成了班级主题墙创设的宝贝,化身成弯弯绕绕的边框和情境装饰,陪伴着幼儿的作品。幼儿往主题墙上粘贴自己的作品时,可以摸一摸那些可爱的草绳。在运用稻草资源创设主题墙时,师幼谈论了稻谷的成长、收稻谷的方法、稻谷壳里就是一粒粒大米以及稻草的多种用途等,幼儿用小手从谷粒里剥出一颗颗晶莹的大米,知道了大米是怎样来的,了解了种粮食的辛苦,收获了城市幼儿园孩子平常接触不到的知识(图6—14)。

丰收的瓜果错落有致地点缀着幼儿园墙面,成功吸引了幼儿的视线。他们在进餐时经常吃到这些瓜果蔬菜,这些蔬果的模样、变成食物的过程、各种不同吃法、怎样搭配营养均衡等问题幼儿往往不会主动去关注，当蔬果成为幼儿园墙饰后，老师和幼儿可以经常一起观察讨论，在环境中主动探究，获取新经验（图6-15）。

农家的一截老木头也可以走出安静的角落，来到幼儿园。幼儿知道了松木的表皮是鳞片状的，沿横截面被锯成薄薄的原木片，幼儿可以看看数数木头的年轮线，了解木头身上的秘密。原木片到墙面上可以成为相框，贴上师生与大自然亲近的照片。老木头成了幼儿亲近自然、观察探究植物成长变化、爱护各类动植物生命的起始线索，为"生命的秘密"这一主题开启了幼儿的探索的大门（图6-16）。

小班和中班的老师们安排了亲子户外行实践活动，家长和小朋友们走向野外，在山坡上收获了大大小小的掉落的松果、一捆一捆柔韧的藤条，还有捡回来的不知道在山里躺了多久的树枝，这些都成了师幼动手创设环境的材料。老师和幼儿把自然材料和美工DIY活动中创作的各种小动物造型相结合，创设出了充满童话色彩的墙饰，点缀着幼儿的视线，幼儿看见这些墙饰心里易于浮现出一个个有声有情节的童话故事。"秋天的童话"这一充满童趣的主题墙面就这样走进秋天的幼儿园，成为吸引幼儿进行想象和语言表达的载体，兴趣来了你说一句，我说一句，静态的墙面就这样活了起来（图6-17）。

图6-14　农村幼儿园的资源开发利用（1）　图6-15　农村幼儿园的资源开发利用（2）

图6-16　农村幼儿园的资源开发利用（3）　图6-17　农村幼儿园的资源开发利用（4）

四、民族特色资源的开发利用

我国是历史悠久的多民族国家，因所处地区不同、文化传承不同形成了各自不同的民族文化。在基础教育课程改革和多元文化整合教育的背景下，开发具有民族特色的教育资源成了幼儿教育重要内容之一，在幼儿园环境创设中积极融入自己民族和其他少数民族的文化艺术内容，是促进本民族文化传承，促进民族大团结，促进国家统一、共同繁荣的有效措施。

1. 民族特色资源在幼儿园物质环境创设中的开发利用

幼儿园物质环境包括自然物质环境和社会物质环境两部分，教师组织幼儿进行环境创设时，可将本民族特色的服饰、生活用品、风俗、建筑、动植物等元素融入环境的各个区域，逐渐扩大到其他少数民族特色资源的展示与认识（图6-18、图6-19）。幼儿在物质环境中探索与发现本民族与其他民族的不同，感受到我国有众多不同的民族文化，培养其对周围世界的兴趣。

图6-18 幼儿园富有中华民族特色的环境创设　　图6-19 蒙古族幼儿园富有民族特色的环境创设

2. 民族特色资源在幼儿园精神环境创设中的开发利用

幼儿园教师是儿童学习活动的支持者、合作者、引导者。在利用民族特色资源进行环境创设的过程中，教师应注意在言行态度上表现出对中华民族文化特别是少数民族文化的好奇、欣赏与认同，促使幼儿建立良好的民族认同感，激发幼儿对民族文化的好奇与探索。有研究显示，很多幼儿园教师对少数民族特色资源知识了解片面、知之甚少，这会直接影响对幼儿进行民族文化教育的效果。因此幼儿园教师要从理念到行为，重视民族特色资源的开发利用。首先，教师要对本民族及其他少数民族的特色资源有深入系统的了解；其次，师生共同通过多种活动如故事传说、谚语童谣、律动舞蹈等形式，将民族特色资源融入物质环境创设之中，让幼儿充分感受本民族与其他少数民族的不同文化，充分培养幼儿热爱本民族又能包容其他民族的情感（图6-20）。

图6-20 藏族幼儿园富有民族特色的精神环境创设

充分利用本土环境资源进行幼儿环境创设，是"办有根的教育，选有魂的课程"的具体体现。这样既解决幼儿园的经济紧张、资源短缺问题，又为建设幼儿园独特的文化品牌提供了丰富的素材，还为幼儿创设了适宜的发展环境。幼儿园教师要积极地将本土环境资源融入幼儿园环境创设，让幼儿在丰富多样的活动中与环境资源有效互动，促进其全面的学习和发展。

第二节　家庭教育资源的开发与利用

幼儿来自家庭，家庭物质环境与精神环境是影响幼儿成长的重要因素。因此幼儿自进入幼儿园起，家庭就成了幼儿园环境创设的重要资源。家庭教育资源的开发与利用是指幼儿园与家庭形成良好的合作关系，为幼儿园环境创设提供支持，共同为幼儿的发展创造良好的条件。

一、家园合作的内涵及对幼儿教育的重要性

（一）家园合作的内涵

家园合作是指幼儿园和家庭双方积极主动地相互了解、支持、配合，共同促进学前儿童的身心和谐发展的活动。家园合作虽然是双向的，但是幼儿园及幼儿园教师应处于主导地位。因为幼儿园是专业的教育机构，幼儿园教师是专业的教育工作者，了解学前儿童身心发展的特点与规律，掌握一定的科学教育方法。因此，幼儿园及幼儿园教师有责任唤起家长参与幼儿教育的热情、产生提升幼儿教育质量的意识，这样，家园合作才能真正有效，才能共同为幼儿发展创造良好的物质环境和精神环境。

（二）家园合作对幼儿教育的重要性

1. 家园合作有利于幼儿园与家庭教育环境保持一致

幼儿园与家庭能做到形成合力，密切合作，那么幼儿园与家庭对幼儿的教育影响在方向上就能保持一致，有助于幼儿良好习惯的养成，促进幼儿身心健康发展；如果来自两个环境的教育要求不一致，就会减弱或抵消各自的教育影响，甚至给孩子的成长带来负面影响。例如，幼儿在园按照作息时间活动，养成了良好的生活习惯。周末在家家长如果放任不管，幼儿不好好吃饭也不好好午睡，周一幼儿入园后往往不能很快适应学习生活，不肯午睡，有哭闹现象。可见家园合作有利幼儿身心健康发展。

2. 家园合作有利于扩展幼儿园教育环境

家长与孩子之间特有的血缘关系、亲情关系与经济关系，使家庭教育具有感染性、长期性和针对性。同时，家长来自各行各业，是幼儿园得天独厚的教育资源。利用家长各自的专长参与幼儿园环境创设与幼儿园教育活动，可以使家长深入了解幼儿园，了解幼儿教育，使幼儿园教育环境得到丰富和扩展。

3. 家园合作有利亲子关系，提高家庭教育环境质量

家园合作为促进亲子互动、相互了解提供了新途径。家园合作的各种活动增加了父母与孩子接触的机会，使家长有机会了解自己的孩子在幼儿园群体中的表现，了解孩子在幼儿园的生活和学习，更清楚地发现孩子的特点。同时，幼儿也能通过家园互动看到自己父

母的工作与特长，对家长产生崇拜、尊敬的情感。家长与幼儿一起准备幼儿园活动材料，参与幼儿园环境创设，也能促进亲子交往，密切亲子关系。家长在亲子活动中感受到幼儿教育的重要性和必要性，从而极大地改善家庭教育环境，提升家庭教育意识和能力。

> **"冷淡爸爸"的转变**
>
> 　　小班新生入园一个月了，明明爸爸每天到幼儿园接送孩子时，总是板着脸，也不问问孩子的情况，也不和老师说话，点点头拉着孩子就走了。王老师主动和他交流时，他也总是"嗯""嗯"几声就结束了，显得非常冷淡。明明跟在爸爸的身后，显得很拘束，表现出很怕爸爸的样子。
>
> 　　家长为什么有这种表现？是对老师的工作不满意还是性格如此？王老师十分不解，觉得家长这样的态度不利于孩子的成长，必须主动打破这个僵局。于是主动询问了明明的妈妈，明明妈妈说孩子爸爸觉得幼儿园哪里都一样，这所幼儿园离家太远，每次接送很麻烦，于是脸色就不太好看。
>
> 　　王老师听了明明妈妈的话，发现问题出在明明爸爸对孩子教育不重视，对幼儿园也不了解。怎样拉近家长和幼儿园之间的距离，让家长接送孩子心甘情愿、不辞辛苦呢？王老师想到了一个好办法。
>
> 　　第二天明明爸爸来接明明的时候，王老师热情地迎了上去，主动跟明明爸爸说了明明的表现，然后提出："明明爸爸对教育孩子蛮有想法的，而且能坚持经常接送孩子，这样表现优秀的爸爸可不多呢！我们班级要成立家委会，想请您担任家委会委员，您看怎样？"明明爸爸脸上挂起了笑容，有点不好意思："哪里哪里，我也需要学习的！"王老师说："您就别客气了，我们真的需要您的支持和帮助！"明明爸爸点点头："行！你们要我怎么做，我会支持的。"
>
> 　　自从谈话过后，明明爸爸到幼儿园来时的态度明显改善了很多，加入家委会以后，他按时参加家委会会议，与其他家委会委员一起策划、组织了"金秋快乐亲子游"活动。冷淡的爸爸开始主动和老师打招呼，与老师的交流中有了更多的回应，开始主动要求孩子："跟老师问好啊！"王老师欣喜地看到冷淡的爸爸转变了，孩子在幼儿园表现得更加开朗活泼了！

二、环境创设中家园合作的主要内容

（一）鼓励和引导家长直接和间接参与幼儿园环境创设

家长直接参与幼儿园环境创设，是指家长协助教师进行幼儿园环境创设，家长作为第三方参与到幼儿园教育环境建设之中。间接参与幼儿园环境创设，是指家长自己不直接参与幼儿园的决策与活动，而是为幼儿园环境创设以及教育活动提供人力、物力支持，或将有关意见反馈给幼儿园和教师，如通过家长会、家园联系手册等。

（二）幼儿园环境创设帮助家长树立正确的教育观念，掌握科学的教育方法

随着孩子的出生，家长才真正步入教育者的行列。因此家长教育孩子的经验基本是随着孩子年龄的增长而增长的。调查表明，我国城乡家长在孩子的教育上存在很多错误观念，例如追求高端物质环境，忽视良好精神环境的营造，不关注社会环境的影响教育等。家长在教育孩子的方法上缺乏科学性，容易盲从，有时过于严苛，有时又过于骄纵溺爱。通过

家园合作可以帮助家长树立正确的环境教育观，掌握科学的教育方法。

> **真题再现**
>
> （2016年面试真题）一个家长问你："孩子五岁了，该不该给零花钱？"你怎么办？

三、家园合作的策略

幼儿健康成长是教师与家长的共同愿望，但是由于教师和家长之间教育观念、教育方法、看待问题的角度不同，在对待孩子的教育问题上存在分歧。面对这些分歧，幼儿教师应与家长进行有效沟通，争取达成共识，形成教育合力，促进幼儿园和家庭教育环境的良性发展，为幼儿营造良好的精神环境。

（一）换位思考，尊重家长

当今幼儿园教师日趋年轻化，许多教师没有为人父母的角色体验和育儿经验，使得一些年轻教师在面对幼儿发生状况时，按照自己的想法和思路处理问题，忽视了家长的心情和需求。例如，幼儿午睡时尿了裤子但是老师没发现，家长来接孩子时发现了心疼又愤怒，教师就觉得很委屈，抱怨家长难伺候。教师对待幼儿问题的态度，会让家长觉得教师没有爱心，不关心自己的孩子，对工作不仔细认真。如果教师能换位思考，尿裤子是自己孩子的话，自己会怎么想，这样就能理解家长的心情，从而改变自己的处事态度。通情达理的家长毕竟多数，没有及时发现孩子尿裤子时教师能对自己的疏忽表示抱歉，并且心疼和安慰孩子，家长也不太会斤斤计较，反而能理解教师带几十个孩子的不易，家园沟通也就不容易产生问题了。

（二）客观评价，取得信任

幼儿教师每天面对几十个幼儿，不可避免会涉及对幼儿的评价。有些负面评价往往会让家长感到尴尬和担心，从而影响家长与教师的关系。处于成长过程中的幼儿，不可避免会出现一些问题，还有可能屡教不改。作为幼儿教师，要细致分析幼儿出现问题的原因，宽容以待，耐心教导。面对家长时要客观反映情况，不掺杂丝毫个人情绪，随意主观判断。例如，幼儿比较调皮好动，今天打了某个小朋友，明天又把玩具弄坏了，让教师烦恼不已。在面对家长时往往会不注意自己的语气态度，向家长告状，指出孩子的问题。时间一长就会让家长情绪上难以接受，觉得教师一味盯着孩子的缺点，觉得这样的教师缺乏爱心、对孩子缺乏教育能力。因此，教师在家长面前评价幼儿的时候，应注意采用平和的语气、委婉的态度、正面积极的语言与家长交流。同时教师要克服偏爱，不要对自己喜欢的孩子评价过高，对不讨喜的孩子评价过低，或者只用一个标准去评价孩子的好坏。幼儿园的孩子身心发育尚未健全，一切评价判断都应以鼓励支持为主，批评建议为辅。如果教师善于发现每个孩子的优点，鼓励孩子的进步，那么在与家长沟通时一定会获得家长的信任与支持，从而提高家园合作的质量。

（三）讲究方法，艺术沟通

1. 从幼儿角度出发

家庭教育资源利用与开发的目的是为了幼儿的发展，势必需要家长的配合。可能会遭到某些家长的不理解："为什么幼儿园事情那么多，一会要我们带这个，一会要求我们做那个，真是麻烦。"因此教师在进行家园互动时，应让家长理解幼儿园为什么要这样做。例如，幼儿园大班开展主题活动"家乡的桥",要求家长带幼儿去看自己家周围的桥是什么样的,把桥拍下来;要求家长给幼儿买关于桥的图书,或者网上查找桥的种类、历史等;还要求家长和幼儿收集各类纸盒、瓶罐带到幼儿园……有些家长就认为:"幼儿园的课为什么要叫家长做这么多事?这不是幼儿园老师应该做的吗?"这时教师在家园联系时应与家长说明幼儿园教育活动需要幼儿全程参与到活动之中,利用家庭教育资源是幼儿学习的好时机,幼儿通过与家长一起看桥拍桥、查找资料、收集游戏材料拿到幼儿园布置环境,亲身参与探索关于桥的知识,积累了感性经验,容易激发幼儿的学习兴趣和好奇心。家长知道是为了孩子的全面发展,一定会克服怕麻烦的心理,全力配合教师开展活动的。

2.有技巧地引导

幼儿所处家庭的教育因家庭情况不同而千差万别,有些家长会对幼儿园的一些做法产生歧义,要求幼儿园能满足家长的需要,但有的需要是不利于幼儿健康成长的。这时教师应该正确分析问题,帮助家长解决问题的同时有技巧地引导家长掌握正确的教育方法。例如,家长跟教师提出:"我孩子在家就不喜欢午睡,请老师在幼儿园也不要强迫他午睡,让他玩玩具、看图书好了。"如果教师回答:"不行,孩子一个人不午睡,别的小朋友就会受到影响,这样不利于我们管理小朋友。"这样的回答会让家长觉得老师是怕麻烦,不愿意满足家长需要,肯定对教师是不太满意的。如果教师说:"午睡是良好的生活习惯,有利于孩子的生长发育。您孩子在家不午睡是没有养成习惯。这样,请家长在周末陪孩子一起午睡,平时您可以让孩子早晨早点起床,把孩子睡觉时喜欢的东西拿到幼儿园来,我们一起来慢慢培养孩子的午睡习惯。"这样的回答让家长觉得教师很专业,为孩子的成长考虑,同时教师和家长又站在同一阵线上,帮助家长解决孩子不午睡的问题。

(四)软化矛盾,冷静处理

人与人在交往过程中,不可避免会产生矛盾。教师在开发利用家庭教育资源的过程中,要注意软化矛盾、冷静处理,使家园合作获得良性发展。例如,一些幼儿家长觉得自己的孩子已经五岁了,但认识的字很少,也不怎么会算术,在老师面前抱怨幼儿园不教孩子拼音和识字,说某某幼儿园的孩子认了多少字了,会写多少拼音了。这时教师不能和家长争吵,一定要耐心地解释:先对幼儿家长的心情表示理解,然后再讲明利害关系,孩子在这种小学化的教育过程中得不到快乐,会对学习产生恐惧和厌恶心理,使孩子产生厌学情绪。幼儿园是以游戏为基本活动的,然而现实生活中,很多家长不能理解,有些幼儿园会迫于家长的压力,进而进行"小学化"教育。教师还可以此为契机,邀请育儿专家进行家教指导。通过"案例分享"和"互动答疑"等方式,帮助家长明白幼儿教育小学化既违背了教育发展规律,又会令孩子活泼好动的个性受到压抑、摧残,不利于孩子的健康成长的道理。教师也可以真诚地邀请家长参与亲子课堂,让他们亲身感受孩子在园的学习和生活状态,从而肯定幼儿园科学的育儿方式,转变教育观念,与幼儿园合作。

开发利用家庭教育资源是必要而且重要的,教师在与家长的沟通过程中,要善于观察,换位思考,遭到家长误解时要保持冷静,有技巧地与家长相处交流。教师要灵活运用教育知识,帮助家长树立正确的育儿观,学习正确的教育方法。幼儿园与家庭形成合力,营造良好的教育环境,让环境有效促进幼儿的发展。

> 真题再现

（2017年面试真题）幼儿园家长会上妈妈来得多，爸爸来得少。你会怎么办？

四、开发利用家庭教育资源的方法

1. 集体方式

（1）家访。

家访是家长工作的一种重要方式，目的在于了解幼儿家庭环境，了解幼儿在家的真实情况，了解家长教育幼儿的态度、方法等。教师可以根据幼儿在园的表现与家长共同探讨教育问题，争取家长的支持与合作。教师进行家访应有目的、有计划，设计好内容与谈话方式，事先与家长约定好家访时间，尽量避免告状、谴责、过场式的家访。家访结束后写好家访记录、分析与对策（图6-21）。

（2）家长会。

家长会是幼儿园对家长进行集体指导，推进家园合作的重要形式，是将全园或小班、中班、大班级部、个别的家长召集在一起开会的家长工作形式。家长会可以在学期初、学期末等时间定期召开。

（3）家长学校。

一所幼儿园一般就是一所家长学校，是利用幼儿园专业教育的优势，向家长宣传普及家庭教育知识的一种形式。家长学校可以通过开设讲座、观看视频、探讨教育问题等方法对家长进行家庭教育指导（图6-22）。

图6-21　教师进行家访

图6-22　家长学校

（4）家庭教育经验交流会。

家庭教育经验交流会是教师组织幼儿家长相互交流家庭教育经验的活动形式。交流会可以根据交流主题由各班或者年级部组织，也可以全园性交流。还可以按照家长角色、幼儿性别等进行分组交流。教师可以请家长代表介绍育儿经验，然后组织家长讨论，发表意见解决育儿问题。

（5）家委会。

家长委员会由家长代表组成，是一种代表着全体家长和幼儿利益的群众性组织，也是一种家园共育的形式。家委会通过参与幼儿园教育教学与后勤管理，将家长对幼儿园要求、疑问、意见和建议及时、真实地反馈给幼儿园，经幼儿园园务委员会讨论通过后，幼儿园采纳并进行整改（图6-23）。家委会能够更深入地了解每个家庭、每个家长的具体情况，从而能够协助幼儿园更细致、更全面地开展家长工作，帮助幼儿园更好地培养、教育在园儿童，促进幼儿健康、快乐、全面的发展。

（6）家长园地。

家长园地是一种幼儿园普遍采用的家园沟通形式，主要内容包含以下四方面：

第一，介绍本班幼儿的周活动计划和教育活动内容、专题活动等；

图6-23　家委会委员品尝幼儿园饭菜

第二，发布通知，例如请家长配合提供活动材料、打预防针、放假时间等等；

第三，介绍家庭育儿知识，发布家长来稿；

第四，幼儿作品展示。

家长园地巧布置

1. 配色：标题颜色的选择上，最好能和装饰材料相近或者互补；家长园地整个块面的色系要协调，图6-24选用黄色和蓝色作为主色调，显得雅致柔美；图6-25选用黄、绿、橙、蓝为主色，画面显得活泼可爱；图6-26则选用红、粉红为主色，蓝、绿、黑、白色点缀，显得协调美观。

图6-24　幼儿园家长园地（1）　　图6-25　幼儿园家长园地（2）　　图6-26　幼儿园家长园地（3）

2. 造型：标题字的造型要生动活泼，以胖胖字、雅黑体、彩云体等为主，彰显幼儿园的童趣，饱满醒目；园地上的各种卡通造型注意生动有趣，有一定意境或情节性搭配。以上三个家长园地案例造型都比较生动可爱，符合幼儿审美要求。

3. 构图：注意突出重点，大小标题醒目夺人眼球；宣传内容放在中心位置，吸引家长注意；图案巧妙衬托主题。

4. 制作：采用立体与半立体手工制作技巧，能使图案栩栩如生，富有童趣，也更加令人赏心悦目。图6-24的树叶制作和标题的衬托采用半立体层层套叠，颇为精致；图6-26的标题和下方的小火车也是半立体制作，显得灵活生动。

2. 个别方式

（1）家园联系手册。

《家园联系手册》是教师与家长的一种书面交流方式，根据幼儿园、家长的不同要求可以进行每周、每月、每学期的定期交流。教师将幼儿在园的情况通过文字、符号向家长进行汇报，家长也将孩子在家情况反馈给教师，通过家园联系手册交流互通，达成教育共识。

（2）问卷调查。

保教人员为了更好地了解幼儿的信息，家庭教育情况和家长的育儿观念、态度，可以设计多种问卷进行调查。一般幼儿入园前可以进行新生基本情况调查，幼儿入园后可以根据幼儿发展情况进行幼儿自理能力调查、幼儿交往情况调查、家长与幼儿的相处调查等等，教师设计调查问卷应尽量科学合理、条理清楚，避免家长产生误解。

（3）书信、网络。

书信多用于向留守儿童的家长汇报孩子的成长情况，这种做法不仅能密切家园联系，还能使不在孩子身边的家长及时了解孩子的情况，起到配合教育的作用。

随着信息化建设的高速发展，网络跨越时空，为教师与家长的密切合作提供了便利。QQ、微信、电子邮件、校园网站、校讯通等方式都能让家长与教师保持密切联系，增进家园沟通。

（4）随机交流。

每天家长接送幼儿是教师与家长交流的好时机，教师可利用短暂时间与家长交换意见，使幼儿的教育问题得到及时处理，具有实时、实效的优势。

3. 活动法

活动法是指家长亲身参与幼儿园教育活动或管理活动的方法。

（1）观摩法。

观摩法是指幼儿园组织家长观看幼儿园教育活动，让家长对幼儿园教育活动产生直接的感知经验和认识，在了解幼儿在园表现的同时，增进家长对幼儿园教育的了解的一种方法。例如，每学期幼儿园设有"开放日"，请家长到幼儿园观摩幼儿活动，这是幼儿园与家庭互相配合最常见的形式。

（2）庆祝。

幼儿园遇到重大节日庆祝活动、亲子游园活动等，教师邀请家长参加，与幼儿共同活动，增进亲子感情，加深对幼儿园教育的了解。例如，六一节亲子娱乐活动、春天的亲子踏青活动等等。

（3）服务。

幼儿园鼓励家长自愿参与幼儿园服务工作。例如，请家长参与幼儿园早晨入园时的安全保卫工作、幼儿园节日表演时的护送工作、幼儿园大型活动时家长参与宣传、收费工作等等。服务可以定期与不定期进行，家长根据自身情况自愿参与。

五、家园合作的问题与解决

开发利用家庭教育资源过程中，以下问题较为普遍：

1. 家园合作表面化

家长到幼儿园旁观得多，参与得少。家长参与幼儿园活动比较被动，往往是教师发布要求，家长就完成一下任务，缺乏主动了解幼儿园教育的意识。

2. 家园教育不一致

家长到幼儿园参与活动后，回家依然我行我素，不大会将幼儿园活动安排、活动内容与家庭教育联系起来。家长是非学前专业人士，更多的是不知道如何将家庭教育与幼儿园教育保持一致。

3. 家园教育任务在母亲

很多幼儿园反映，家长会、与老师交流、家长学校学习都是幼儿母亲来得多，幼儿父亲参与的较少。似乎"带孩子是母亲的事"已经成为不成文的规矩。

针对以上家园合作问题，教师应积极创造条件开辟沟通渠道争取家长的理解、支持和参与。教师要放下权威，手把手地引导家长观察孩子、科学教育孩子，利用信息网络技术多多进行双向互动和信息共享；教师要根据幼儿家庭情况，多举行育儿指导的实践活动，并且指定幼儿父母亲一起参加，在实践互动中改善家庭育儿环境，使幼儿、家庭、幼儿园三方互利共赢。

第三节　社区教育资源的开发与利用

幼儿园与社区合作是社会发展对幼儿教育提出的客观要求，也是幼儿教育自身发展的内部需要。随着学前教育课程改革的不断推进，幼儿园与社区的合作越来越紧密。社区教育资源已经成为开展幼儿社会学习的重要组成部分。幼儿园应充分利用自然环境和社区的教育资源，扩展幼儿的生活和学习的空间，有效促进幼儿的发展，以利于幼儿良好社会性品质的形成。

> **李公朴故居——最生动的爱国主义教育环境**
>
> 江苏省常州市武进区公仆路129号，坐落着李公朴故居。该故居坐北朝南，二进砖木结构的平房花厅建成李公朴事迹展示厅，中间是李公朴的半身石像，两边彩旗招展，四面墙上是事迹展板。作为常州市爱国主义教育基地，李公朴故居每年都会迎来周边学校学生、社区居民等进行参观学习，部分学校的少先队员入队仪式也在此举行。由李公朴研究会主办的李公朴故事演讲比赛也已连续举办两年，旨在向学校师生宣讲英烈故事，继承英雄遗志。李公朴故居作为最生动的教育环境，正成为无数的少年儿童缅怀先贤、弘扬名人精神的重要阵地。

图6-27　幼儿参观当地的名人故居

一、幼儿园开发社区教育资源的意义

1. 促进世界幼儿教育的共同发展

1981年联合国教科文组织指出，幼儿教育必须从学校这个封闭的范围中解放出来，扩

展到家庭与社区。这一精神已经成为世界幼儿教育共同发展的方向。例如，意大利瑞吉欧教育体系就是由幼儿园、社区、家庭共同组成的"教育社会"。瑞吉欧小镇的社区教育资源共享就是其教育体系的一个重要内容，其中"废品收集站"就是社区资源共享的载体之一，给废品收集站送废旧物品的不仅仅有家长，还有瑞吉欧的市民们。除了意大利瑞吉欧教育体系，很多国家也纷纷将社区、家庭教育资源纳入幼儿园教育之中。

2.扩大幼儿生活与学习室间

幼儿生活与发展的基本空间就是幼儿园、家庭与社区。幼儿园与家庭都是相对封闭的环境，而社区对幼儿来说则是相对广阔开放的环境。单一的幼儿园环境很难满足幼儿适应社会的需要，所以幼儿园应向所在社区吸取人文、物质环境来填充幼儿园教育资源的不足，丰富幼儿园教育的内容，使幼儿获得真实的体验与感受。

3.与幼儿的社会学习相适应

人是一切社会关系的总和，幼儿的学习与成长不能脱离其生长的社会群体而独立发展。因此幼儿园必须与家庭、社区交融才能促进幼儿的发展。幼儿园利用社区资源支持幼儿的各种学习活动，让社区环境融入幼儿园环境之中，是幼儿社会学习的有效方式。

4.提升社区教育发展的水平

社区与幼儿园各自发挥自己的优势，进行人力资源与物质资源的优化与互补，不但可以提升幼儿园的教育质量，还可以提高社区的教育发展水平。2019年8月22日《国务院关于学前教育事业改革和发展情况的报告》中提到，到2020年全国普惠性幼儿园覆盖率将达到80%，城镇小区配套幼儿园的建设使用将进一步规范、扩大。幼儿园作为专门的教育机构，幼儿园教师应将科学的教育方法推广到社区教育之中，提升社区教育发展水平。

二、社区教育资源的开发利用策略

社区是以一定的地理区域为基础的社会群体，主要由地域环境、人口环境和文化环境组成。

1.利用社区的地域环境优化幼儿园教育环境

社区的地域环境主要是指社区的地理环境、资源环境和人工环境等。幼儿园在利用地理环境时，要考虑社区的地理位置、地形地势和气候特征等因素。例如沿海地区的教师可选择不同时间带幼儿看海，观察海浪，在沙滩上玩沙玩水；四季分明的地区，教师可以在季节更替时带领幼儿到社区中看看玩玩，观察季节的变化和人们行为之间的关系等。幼儿园在利用社区的地域环境的同时，还要考虑社区的水资源、土地资源与矿产、农作物、经济支柱等因素。例如江苏某乡镇的经济支柱是纺织业，教师组织幼儿去参观织布厂，了解布的生产过程，在幼儿园环境中布置"多彩的布"主题环境，开展关于布的游戏，促进幼儿对布的深入了解，激发幼儿爱家乡的情感。

2.利用社区的人口环境优化幼儿园教育环境

社区的人口环境丰富多样，是幼儿园教育的重要资源。例如，幼儿园组织幼儿参观社区菜场，观察菜场工作人员的劳动，了解感受菜场工作人员的进货、整理、卖菜的过程，了解他们的辛苦与不易，回到幼儿园创设"菜场"游戏环境，在开展游戏的过程中丰富知识经验，体验社会规则；还可以组织幼儿去访问社区的工作人员，如保安、快递员、清洁工、驾驶员等,在幼儿园开展"我的社区"游戏,了解社区需要人们在不同的岗位上努力工作、分工合作,大家需要遵守规则才会有社区的整洁美丽、方便有序;社区里的老人院,也是幼儿学习的好地方,可以让幼儿去慰问老人、为老人表演节目,让幼儿感受到自己虽然年龄小,也能为别人做贡献,为别人带去快乐;社区里的小学,是大班幼儿开展"幼小衔接"活动的主要场所,小学环境为幼儿顺利进入小学提供了了解和学习机会。

3. 利用社区的文化环境优化幼儿园教育环境

社区文化环境包括社区文化设施与社区文化活动,即社区物质文化与精神文化。幼儿园在利用社区文化环境优化幼儿园教育环境时应注意三方面的问题:

(1) 引导幼儿正确理解社区文化设施。幼儿园可以引导幼儿认识社区营业性文化娱乐场所如小吃店、理发店、咖啡店、茶庄、健身房等,也要增进幼儿对书店、图书馆、体育场、博物馆、美术馆、科技馆、少年宫的了解。

(2) 引导幼儿感受适宜的社区文化活动。幼儿园教师要对社区的文化活动进行筛选,让幼儿获得适宜的传统文化与现代文化的熏陶。如带领幼儿欣赏社区的腰鼓、太极拳表演,参与社区节日庆祝活动、才艺比赛、义演义卖活动等。

(3) 引导幼儿对不同文化的认识理解和宽容接纳。教师既要引导幼儿深入了解并喜爱本土传统文化,也要引导幼儿认识其他国家的文化传统。例如,教师可以带领幼儿观察了解中餐厅和西餐厅的异同点,通过游戏环境创设,体验中西方饮食文化的不同;教师还可以引导幼儿观察服装店里中式服装与西式礼服,了解中外服饰文化的差异等。

社区环境是个大课堂,扩展了幼儿生活和学习的空间;幼儿园为社区早期教育提供服务,也提升了社区教育质量。两者相辅相成,共同促进幼儿园与社区的协同发展。

考题预测

幼儿园在课程中将社区的历史、风俗、革命传统等作为乡土教材来利用,使幼儿园教育内容丰富而有特色,发挥了( )对幼儿园教育的意义。

A. 社区资源　　　　　　B. 社区环境
C. 社区风俗　　　　　　D. 社区文化

拓展阅读

1. 李生兰. 幼儿园与家庭、社区合作共育的研究(修订版). 上海:华东师范大学出版社,2013.
2. 陈庆文,谢清理. 广西本土文化走进幼儿园. 桂林:广西师范大学出版社,2016.
3. 虞永平. 从幼儿园到小学,不是翻山越岭!. 中国教育报,2016.

实操练习

1. 挖掘利用本土资源,制作一个装饰品装饰幼儿园。
2. 利用家庭废旧物品,制作一个装饰品装饰自己的房间。

第七章 国外不同教育理念下的幼儿园环境创设

学习目标

1. 了解不同教育理念下幼儿园环境创设所蕴含的教育思想。
2. 根据国外不同教育理念下幼儿园环境创设的特点,分析幼儿园环境创设中蕴含的教育理念。

思维导图

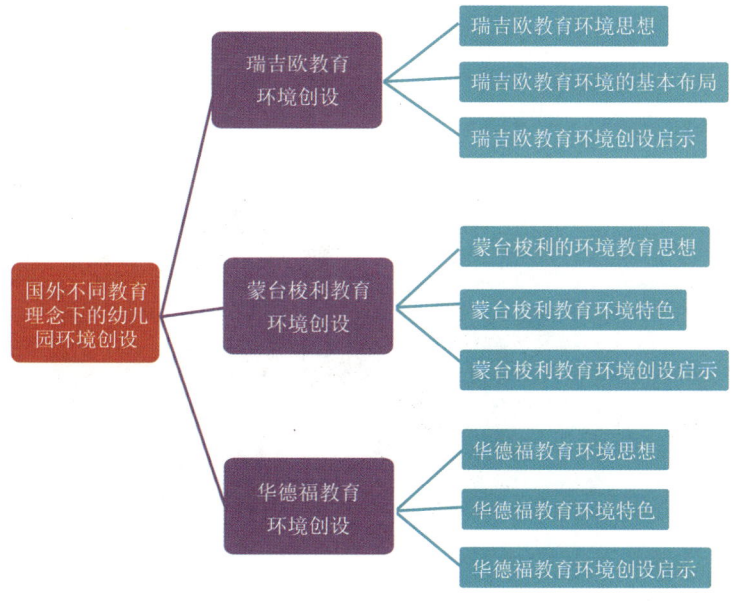

导入活动

图 7-1　　　　　图 7-2　　　　　图 7-3

同学们认识这三张图片上的人物吗?他们分别是玛利亚·蒙台梭利、罗里斯·马拉古奇、鲁道夫·斯坦纳,与他们相关的幼儿教育模式你了解过吗?今天我们就一起来看一看这几种教育模式指引下的幼儿园教育环境特色。

微信扫码获取

文本资料、环创实例、拓展练习

第一节　瑞吉欧教育环境创设

一、瑞吉欧教育环境思想

瑞吉欧的教师认为环境对儿童的情感、语言、认知的发展具有深远的影响。他们把学校看作是一个促进社会互动、探索、学习的"容器",一个有教育内涵的、包含教育信息、充满各种刺激、能促进交互性体验和建构性学习的环境。除了校内环境,瑞吉欧还非常重视学校周围的环境,其学校一般处在社区中间,因为他们的有些方案需要儿童走出校园去探索。瑞吉欧教育环境思想主要包括以下几点:

1. 环境是课程设计与实施的必备要素

瑞吉欧的教师在设计课程的时候,都会将环境因素考虑在内(图7-4、图7-5)。教师要明确孩子们对哪些环境感兴趣,哪些环境可以利用,还要意识到随着课程变化创设什么样的环境能促进课程的进一步发展。可以说,课程和环境是相互影响的,一方面,教师可以利用环境生成课程;另一方面由课程生成环境。

图7-4　瑞吉欧幼儿园环境(1)

图7-5　瑞吉欧幼儿园环境(2)

瑞吉欧倡导的建构性学习中,幼儿的认知、情感和社会化的发展始终来自和环境的相互作用,幼儿与环境相处的方式直接影响教育的质量。因此,从课程设计的总体观念到具体方案的实施,环境一直是瑞吉欧教育者所考虑的因素。他们思考生活在某所学校及社区环境中的幼儿究竟对周围的哪些环境产生了兴趣,是否可以从中产生一个新的方案;他们思考在方案进行中需要哪些新的环境的设置,以利于方案的不断延伸。

环境是课程设计与实施的要素,具体表现在两个方面:一方面表现为由环境生成课程。课程主题并不是凭空而来的,它来自幼儿与环境的互动。如果环境中的某种要素成为幼儿谈话的热点,细心的教师就会引导幼儿一起讨论,以商定是否要将这一主题发展为方案。例如,"狮子的肖像"方案活动源自城市广场教堂台阶上那座孤零零的石狮雕像,因为孩子们跟着大人去菜场和布料市场时总能与它碰面,石狮的形状、比例、材质以及在时间长河中流淌的关于石狮的故事都引起了孩子们的关心和疑问。孩子一次又一次地去观看,触摸感知狮子。由此,石狮在孩子们的手里,从石头材质变成黏土,再转变成纸,转变成颜色,一个"石狮的雕像"的方案一步步地深入发展着。又如,"小水坑里的智慧"的方案活动产生在雨后地面的小水坑里。孩子们在水坑里发现了光与色的变化、水的透明性和水中倒影里的另一个世界,他们惊诧、好奇、兴奋,他们把小水坑里的探索活动不断加深、拓宽。

另一方面表现为由课程创设环境。因为方案活动发生在某种特定的环境中，需要某种特定环境的支持，而且环境创设是否合理将影响到方案活动的进行。所以，"一旦有了课程的基本哲学理念与选择后，瑞吉欧教育工作者将着手设计空间的安排并付诸行动。"比如在"人群"方案活动中，为了体验"人群"的川流不息，幼儿与教师共同创设了一个拥挤的环境，使教室的墙壁变成了一个城市的广场，幼儿组成人群，每个幼儿扮演着一种身份，在人群中穿梭行动。

2. 环境是师生互动的产物

马拉古奇曾说，"教育乃是由复杂的互动关系所构成，也只有'环境'中各个元素的参与，才是许多互动关系实现的决定性关键。"可见，环境是实现幼儿与幼儿之间、幼儿与教师、职员以及家长之间、幼儿与物之间的互动的桥梁。在瑞吉欧的学前教育机构，大到学校的地理位置，小到教室内每一个小物件的摆放，都充分地为幼儿的各种互动经验提供便利条件，确保环境成为互动的保障而不是障碍（图7-6）。

图7-6　瑞吉欧幼儿园环境（3）

在瑞吉欧的教育体系中，处处都彰显着环境的教育互动作用：幼儿园位置的选址一般都位于市中心，便于文化交流；活动室划分的小空间可以容纳3—4个人，便于孩子们的小组讨论，也有利于教师的观察和记录；物件的摆放，都会方便孩子们的拿取；房间的设计，可以让不同年级的孩子相互交流。

3. 环境是第三位教师

在瑞吉欧幼儿园，除了每个班有两位教师外，环境是"第三位教师"。当环境担当"教师"角色时，它不再是没有生命的物质，而是一种富有人格魅力的教育力量。在这种情况下，环境如同教师一般，对幼儿的认知具有激发性，使幼儿处于积极的探究状态，在各种尝试中使用材料、发现问题和解决问题；环境如同教师一般，对幼儿的认知具有指导性，幼儿可以在各种材料的使用中，获得对周围世界的认识（图7-7）。

图7-7　瑞吉欧幼儿园环境（4）　　　图7-8　瑞吉欧幼儿园环境（5）

通过园外的环境创设，孩子们开始认识外部的世界；通过长期的项目活动，孩子们开始感受到自然环境的绚丽多彩。在美丽的花园里面，孩子们种下种子，观察种子的成长；收获果实，了解到植物生长的奥妙。通过室内的精心设计，把外部世界和室内空间全都连接起来，而自然光线和人造光线的合理组合，展现出不同角度的组合现象，又让孩子们可以探讨光影的秘密（图7-8），幼儿可以很容易地感知不同区域的光线变化，空间特殊的设计也鼓励儿童用触觉、听觉、嗅觉去感知他们所处的环境。教室内部色彩的使用，也经过精心挑选，结合美学、感官、功能特性等特点，既能展现多种景象，也不会过于刺激，创设出舒适的人文环境。

4.记录是最佳的环境之一

马拉古奇说："我们学前学校的墙壁会说话，也有记录的作用，利用壁面的空间暂时或永久地展示幼儿及成人的生活。"走进瑞吉欧学前教育机构，只要留意校园的环境，就能"阅读"到其中蕴含的各种教育信息。陈列在墙上的记录板是幼儿园设计的一部分，有人称之为"第二层皮肤"，记录的方式多种多样，有照片、视频、文字注解、图画、录音和注释图表等。

记录板一般设置在入口处，包括学校的简介，每层楼对应的位置及中心的组织结构，这种开门见山的介绍，使人一目了然。此外，入口处还有关于中心员工、家长会、市内举办的活动信息以及中心每日的生活记录。

环境记录有利于家长了解孩子们在学校的日常活动，有利于教师相互交流、自我反思，有利于幼儿的学习进步。这也是瑞吉欧环境设计中最有特色的。瑞吉欧幼教体系主张家长、社区参与教育，创设尊重儿童的、开放的人文环境，运用平等民主的组织与管理方式，鼓励儿童用100种语言表达态度和想法，采用方案教学与生成课程，让幼儿从兴趣和经验出发，进行自主自由的探索和合作学习。

瑞吉欧学校的门口常常被设计成一个"会说话"的长廊，例如戴安娜学校的入口处，有一幅幼儿做的海报，上面写着"儿童的权利"："儿童有交朋友的权利，否则儿童无法快快乐乐长大成人。""儿童有生活在和平安祥中的权利。生活在祥和的环境就是健健康康，大家住在一起，生活中充满着令人感兴趣的事物，有朋友的陪伴，可以让梦想在天空飞翔，可以做梦。""假如儿童不知道的话，他就有犯错误的权利，因为要等到看见问题和犯过错误后才会知道。""我们一定要有权利，否则我们很伤心。"在这幅海报旁，贴着两位教师为一组的照片，接着是驻校艺术教师、厨师和学校的职员等人的照片。他们全都面带笑容迎接幼儿、家长和五湖四海的宾客们。墙上还贴着一份学校的例行事务，包括教师训练课程、分组家长会议、全校会议、校际的会议、户外参观和各项庆祝活动。在对面的墙上展示着幼儿活动的相片，相片下还挂有幼儿们的自画像。由此看来，瑞吉欧的教育工作者把校门口设计成"会说话"的长廊，用每一个精心的布置向来校的访客、每日接送孩子的家长传达了学校的概况，一目了然，形象生动。在瑞吉欧，记录的方式很多，而最常用的方式就是环境记录，这反映出瑞吉欧教育工作者的智慧与勤奋，他们最大限度地发挥了空间传达教育信息的作用。环境记录不仅在墙壁上展示，瑞吉欧学前学校还设置了档案资料室，那里收集了更为详尽的幼儿发展信息，以及教师和家长提供或制作的各种物品，而参与记录的不仅是教师，还有各位家长。

5. 环境是幼儿的"家"

幼儿园的环境究竟应该给幼儿一个什么样的感觉？难道幼儿园仅仅是幼儿学习、教师教学的场所吗？瑞吉欧的教师们用他们环境创设的理念和实践告诉我们：幼儿园应该像是幼儿的"家"。家庭般的舒适、温暖、愉悦的环境，对于身心稚嫩的儿童来说，有助于他们获得幸福感和安全感，使他们愿意与人交往，有助于他们的建构式学习顺利进行。

瑞吉欧的教育工作者是怎么做的呢？用屏风、布帘和帐篷等把教室分成几个小空间，幼儿可以自由选择他们喜欢的空间，在那里选择他们喜欢的材料，用他们喜欢的姿势，或卧或坐，或立或走，自由自在地、全神贯注地投入到方案活动中。幼儿园为一个人或一对一活动设置的私密空间，满足了幼儿独处的情感需要。当幼儿疲劳时，当幼儿遇到失败时，当幼儿与同伴发生冲突时，可以到这个私密的小空间里安静地休息，或与人谈心，使内心得到一种释放或安慰。瑞吉欧学校提供一种维系亲密关系的氛围，特别在婴幼儿中心，校门口设有舒适的躺椅，可供家长抱着孩子和其他家长、老师亲切地交谈；教室里铺着地毯，上面摆着许多枕头，可供婴幼儿到处爬行，或依偎在教师的怀里听故事，使孩子在学校里也可以享受到家里的温馨和亲情。每一个班级环境是由幼儿、教师和家长共同长期建立起来的，具有一定的稳定性。大家在这个环境里彼此逐渐熟悉，彼此了解，彼此信任，由此，发展成一种健康、合作与安全的人际心理关系，这有助于幼儿形成活泼开朗的性格和合作互助的学习方式。

二、瑞吉欧教育环境的基本布局

典型的瑞吉欧幼儿园环境会有如下的空间安排：

1. 广场

广场是学校的中央区，供幼儿、家长和老师共同使用。广场反映了瑞吉欧·艾米莉亚这个城市的理念，是个兼容并包、开放的地方，以供家长、教师、幼儿进行交流，擦出知识的火花。

2. 艺术坊

工作室远离广场区域，是一个探索和实验的区域。艺术坊为孩子们提供了大量的工具和材料，孩子可以多次尝试，运用各种语言来表达自己内心的想法。

3. 教室

教室内部设计灵活，有与孩子们身高相符合的桌椅，较低的讲台区域，便于小组讨论。每个教室都设置有小型的工作室，可以方便幼儿的创造，有些教室还会划分出一个单独的较为安静的区域，让孩子们进行思考。

4. 餐厅和厨房

同其他空间相比，餐厅和厨房同等重要。厨房在餐厅旁边，一般用透明的玻璃装饰，可以让孩子们看到制作食物的过程，厨师会受到特别的尊重，因为瑞吉欧地区就有这样的历史传统——共同进餐是社会关系中最为重要的一部分。

老师们会鼓励孩子们一起参与准备食物的过程中去，孩子们会用自己在花园里培育的植物做食材，自己尝试着去发明菜谱，使食物色味俱全。孩子们会轮流铺桌布、摆放餐具、放餐盘，通过进餐，孩子们可以自我展示，自我交流，认识新的朋友。

5.户外空间

户外空间一般都会有大型的娱乐设施、露天的看台座椅,还设置有野餐的桌椅,在教师的带领和指导下,幼儿可以在户外区域进行活动。户外陈设一般使用中性色调,与自然材料形成鲜明的对比,这样也使得户外空间与材料清晰地分开。

三、瑞吉欧教育环境创设启示

瑞吉欧环境教育理念的核心是创建开放性、启发性、多样性的幼儿教育环境,强调幼儿、教师、家长、社区之间的互动合作,形成社区教育系统;在重视环境的创设和美化的基础上强调环境的"引导性";在丰富的环境中依据幼儿兴趣,鼓励幼儿积极参与发现,不断提供材料支持幼儿的探索(图7-9)。归纳瑞吉欧教育情境是这样的:

小朋友早上来到学校,走到窗前,告诉老师:"老师,今天的太阳好大。"老师说:"不如,我们今天就去外面花园晒太阳吧。"老师带着小朋友出门,小朋友A和B对草地上的花感兴趣,小朋友C和D对花园的小昆虫感兴趣,然后A和B就问老师:"为什么这朵花是红色的?"C和D问:"为什么蝴蝶会飞?"老师就说:"哇,我们一起来学习了解一下吧。"接着小朋友各自开展课题收集各种资料,A和B研究花朵,C和D研究蝴蝶。资料可以是生活中的任何东西,对于展示研究成果,小朋友也可以用任何方式:图画、手工制作、表演等。

因此,瑞吉欧教育环境创设带给幼儿教师的启示可以包括以下几点:

1.积极让环境为幼儿发展服务

我们传统的幼儿园教室都是一个封闭的空间,所有游戏材料都摆放在教室四周,教师没下指令幼儿不能随便玩耍,中间留下大空间摆放着幼儿桌椅,每个幼儿的座位固定不变,有利于教师进行集体教学。"教师讲授、幼儿听讲,坐在位置上玩

图7-9 瑞吉欧教育情境

玩具",这样的空间布局是便于教师管理的,却忽视了幼儿与各种材料、玩具和设施的建构性学习;环境的单调不变使师生、同伴之间难以产生话题,激发探索,更不用说进行深入的、详细的、甚至有冲突的讨论了。区域游戏时间每天只有一小时左右,也就是说幼儿只有一小时是按自己的喜好选择游戏项目。这样的空间布局、时间安排使教师对幼儿发展情况的观察、了解仅仅停留在大致、模糊、一般性的水平上,无法对幼儿发展情况有深入、具体的、个别性的把握。因此,瑞吉欧努力为幼儿营造一种"家庭"的氛围,让幼儿园成为幼儿生活与学习的"快乐之家",这种环境创设为幼儿发展服务的思路是值得我们借鉴的。

2.环境具有丰富而深刻的教育内涵

在瑞吉欧教育体系中,环境是"第三位老师",环境和教师一样重要,环境中包含着教育的内容,也包含着丰富的教育信息和资源,对幼儿的学习起着促进、激发的作用。瑞

吉欧教育取得的成功,不仅源于环境中各个要素之间的积极配合,而且也有赖于环境中各个要素是否具有教育的成分,是否充分地参与到教育的过程中,是否有助于幼儿间的互动,是否有益于幼儿的知识建构。

3. 把幼儿园环境细节与课程的目标结合起来

教师要明确增加、减少材料和设施的教育意义,预测对幼儿建构性学习可能产生的影响,走出我们在材料投放和设施建设上盲目的局面,开创一条环境创设与课程建设相结合的课程改革之路。

4. 让环境更开放地记录幼儿园想传达的各种信息

环境记录促进了教师的成长,它如一面镜子再现教师的想法,促使教师自我反省;它增加了教师之间的经验分享,取长补短。其次,环境记录对幼儿也很重要,它让幼儿知道成人重视他们的工作,使幼儿十分热情地投入到工作中,并珍惜自己的劳动成果;它为幼儿提供了重新检视、反省和解释的机会,有助于知识的自我整合和集体建构。最后,环境记录还是家长了解幼儿的重要途径,它让家长了解到孩子在学校的所作所为;它不仅使家长了解幼儿的成果——作品,也了解到孩子学习的每一个过程,而这些往往是家长看不到的;它为家长提供探讨教育的素材,进而协助家长进行角色定位。

第二节 蒙台梭利教育环境创设

意大利著名教育家玛利亚·蒙台梭利(Maria Montessori)的教育思想在我国具有长期的影响力,其环境教育理论和教育方法一直影响着幼儿园教育实践。蒙台梭利幼儿园秉持着"以儿童为中心"的办园理念,活动室、教学区的设置为幼儿自主探索学习创造条件,幼儿操作"蒙氏教具"获得经验和能力,而教师则充当观察者、帮助者和准备者的角色,将有序、整洁的"适宜而又有准备的环境"贯穿幼儿一日生活,潜移默化地教育和影响幼儿。

图 7-10 蒙台梭利教室

一、蒙台梭利的环境教育思想

(一)适宜的环境才能促进幼儿的发展

蒙台梭利认为,环境是教育的一个重要因素,儿童需要从环境中学习、在环境中发展。教师应该为儿童创设适宜其发展的环境。为儿童提供有准备、适宜的环境是环境教育与环境创设的理论基础。蒙台梭利指出,环境是儿童能够自主活动的场所,是儿童生活的实验室。她突出强调儿童是环境的主体,幼儿园的环境应该根据儿童的发展需要,尤其是符合儿童的生活设计。蒙台梭利将幼儿园环境划分为:活动区域、睡觉区域、就餐区域和休闲区域,并提出每一个区域都包含有不同的教育功能和价值要求。在她看来,无论是儿童潜能的激发、自由意识的发展，还是健康人格的形成，都需要有适宜的环境作为促进儿童发展的条件支持。在蒙台梭利的环境教育中，环境建设或环境布置具有丰富的教育内涵和积极的发展意义。具体体现在三个方面：一是儿童秩序感的形成与他所在的环境体验有关；二是儿童的运动离不开环境的支持和保证；三是儿童的成长与发展有赖于不断缩短他与环境之间的距离。因此，蒙台梭利主张，幼儿园应该为儿童提供一个适宜的生长与发展环境，即满足每一个儿童发展的需要。

（二）"自由"的环境才能满足儿童成长的要求

1. "自由"的环境是有纪律有秩序的环境

蒙台梭利认为，"自由"是一个重要的教育理念，是一个人主动获得环境资源的基础。"只有获得了自由和适当的环境，人类才能在实践中实现发展"。即儿童可以自由地将自己的想法表现在活动或游戏中，他需要得到环境的支持。"儿童只有在一个不受约束的环境中，即在一个与他的年龄相适合的环境中，他的心理生活才会自然地发展并展现他内心的秘密。"这种不受约束的环境绝对不是"无拘无束"的自我放纵，而是教育者给儿童提供的自我表达或表现的空间，一定是有序的，不是杂乱的。"如果他尚未培养起自控能力，也就谈不上获得了自由"。"只有当一个人成为自己的主人，能管住自己的各种行为，主动遵循生活规则时，他才算是一个守纪律的人。"蒙台梭利对纪律与自由关系的论述，表达了她关于环境教育的基本理念，那就是有纪律有秩序的环境对儿童成长的重要性，这是培养儿童真正自由的基础（图7-12）。

图7-11　蒙台梭利教室环境

图7-12　蒙台梭利教室有纪律有秩序的环境

2. "自由"的环境是使幼儿变得独立的环境

蒙台梭利认为："儿童只有不再依赖成人，才能发展自己的个性，即我们所说的获得'自由'。"而个性的发展又必须具备适宜的环境，"如果没有为儿童提供一个能使他变得独立的环境，他是不可能日益获得成长的自由的。"因此儿童时期形成的自由精神"独立性"，对他今后的生活具有积极的作用，他是自己生活的主人，可以依赖自己建构新环境，并按自己的意愿去选择自己的生活，即形成一种生命的态度。而教师的作用就在于顺应儿童自然发展，并为其发展提供适合的需要、适宜的环境和适当的支持。"儿童所做的事，不管聪明的、愚蠢的，还是可笑的，甚至与我们的意愿背道而驰（在不伤害他自己的情况下），我们都不应该去干涉，因为儿童应该去完成他心里所想的事。"教师的作用就是对儿童发展的"自由"给予充分的尊重。

3. "自由"的环境是儿童创造力的源泉

在蒙台梭利看来,"自由"和"创造性"是紧密联系在一起的,因为,唯有自由才能"让儿童做他自己想做的事"。而"环境"是架设起二者之间联系的桥梁。所以"在对儿童进行教育时应该迁就于他。儿童有自己的发展规律,如果我们想要帮助他们成长,那么我们(教育)就要深谙这些原则,而不是将我们的意愿强加于他。"否则儿童的发展将无创造力的可能。蒙台梭利认为儿童的真正创造力和潜能,几千年来一直未能得到人们的重视,就是因为我们忽视了环境教育的作用与儿童自我发展的能力。儿童的创造力就在于"从他所生活的环境中获取经验的能力。"这种创造力是儿童自我主动获取知识的结果,也就是独立性形成的体现。"所有的生物,甚至是植物,都需要借助外界环境来生存、发展。而生命本身也是一种能量,它能够通过不断地完善外界环境来不断补充自身的能量,并能持续发挥创造能力。"这一过程必须与儿童的生活环境和学习经验联系在一起。教师的作用在于为儿童的发展提供支持与帮助,建构与儿童发展的环境互动,即通过环境激活儿童的发展兴趣,进而培养儿童的创造性,以彰显出环境的教育价值。

二、蒙台梭利教育环境特色

1. 儿童之家——活动室

蒙台梭利说:"所谓儿童之家,就是指一个能够供给孩子发展机会的环境,这种学校没有一定的规格,可以按照经济情况与客观环境而定。不过,它必须像一个家。"

儿童之家的环境创设要求有两点,第一是必须保障儿童自由,让儿童以主人的身份自由活动的场所;第二是为了使儿童充分展开内在生命并发展身心能力而准备的完善的环境。最主要的房间是儿童"脑力劳动"活动室,根据资金和空间情况,也可以增建一些小房间,如起居室(客厅)、小餐厅、洗澡间、手工操作间、健身房等。活动室的两件家具必不可少,一件是敞开的矮的长橱柜,即使矮个的孩子也可以在上面摆放小物品。橱柜里摆放各种教学用具,都是孩子们的共同财产。另一件是带有两三排小抽屉的衣柜,每个抽屉上都配有颜色明亮的把手和写着小朋友名字的小卡片。每个孩子都有自己的抽屉,可以存放自己的东西。房间的墙上挂满小黑板,孩子们可以在上面写字或绘画,小黑板会不时更换,作为教师环境创设的背景。劳作间地板上配备各种颜色的小块地毯,孩子们可以随意拿着自己喜欢的小地毯坐在上面操作玩教具。

图7-13 蒙台梭利教室有鲜花桌布的衣帽区

图7-14 蒙台梭利教室里充满阳光的前厅

起居室（客厅）是孩子们自由玩耍、聊天、听音乐做游戏的地方。屋内的陈设要精致且生活化，四处有小沙发、小扶手椅和小桌子，墙上有托架，放置雕像、花瓶或者相框等装饰品。每个孩子有个小花盆种植物，在这些植物生长过程中要进行栽培护理。桌上可以摆放装有彩色画片的大册子，一些培养孩子耐心的游戏或各种几何图形，孩子们可以用来玩耍也可以制作模型。最好还要有一架钢琴或者别的乐器。这种"俱乐部"式的起居室环境很容易吸引孩子们。

2. 儿童之家——教室

教室是幼儿最主要的活动场所，各个教学区是教室里重要的活动区域。教师在创设环境时，要依据各个区域的功能要求进行适宜的安排。

日常生活区需要常常用水，因此选择接近水源、通风、有阳光且靠近门口的地方，以吸引幼儿进入教室。由于桌面使用的频率相对较高，所以桌子数量要多一些。同时还需要设置点心桌和清扫工具。日常生活区主要是通过操作教具获得生活经验，培养幼儿独立能力，培养幼儿的秩序感、专注力、协调性和独立性，同时建构健全人格。日常生活领域教具的摆放顺序为：动作协调、手眼协调、照顾自己、照顾环境、食物准备（图7-15、图7-16）。

图7-15　蒙台梭利教室日常生活区教具（1）　　图7-16　蒙台梭利教室日常生活区教具（2）

感官区主要通过运用视觉、听觉、触觉、味觉、嗅觉等感官参与操作教具，锻炼感知能力，同时为学好数学做准备。通常感官区和数学区连接，并且感官教具大多在地毯上操作，需要专注力和搭建作品，因此感官区一般在教室里安静一点的位置。感官领域教具的摆放顺序为：视觉教具、听觉教具、触觉教具、味觉教具、嗅觉教具（图7-17、图7-18）。

图7-17　蒙台梭利的感官区（1）　　图7-18　蒙台梭利的感官区（2）

数学区与感官区相连,数学教具大多庞杂,需要摆放在工作毯架和桌子上。同时添置身高器、体重计、温度计、时钟等与数学有关的测量工具。数学区域的纸上作业比较多,应设置桌子。数学区的主要目的是通过幼儿期的生活经验,让孩子对数字、数量、数名的对应,个十百千的形成,进位及四位数的四则运算等内容进行系统学习,进而培养对数学的兴趣,良好的理解力、判断力、抽象思维能力、计算力及逻辑推理能力。数学领域教具的摆放顺序为:数量概念的练习、十进制、连续数、四则运算、分数(图7-19)。

图7-19 蒙台梭利教室的数学区(1)　　图7-20 蒙台梭利教室的数学区(2)

语言区需要安静的工作环境,较适合安排在教室的角落,光线要充足、柔和,同时应接近窗户,以利于幼儿阅读和书写的进行。另外,语言区应提供靠垫、盆栽等增加安静舒适的气氛。语言区设置的主要目的是为幼儿提供一个充满语言、文字的环境,使其自然地成长为会表达、会倾听、能书写的人。语文领域教具的摆放顺序

图7-21 蒙台梭利教室的语言区

为:练习倾听、练习表达、练习阅读、练习书写(图7-21)。

在科学文化区,幼儿可以做各种实验,所以该区要有水源、电源、光源,有足够的桌面,以方便各种实验操作的进行;为了让教学活动可以延伸到户外,户外设有动植物养殖区,构成完整的科学文化区域。科学文化区引导幼儿观察自然生命现象,激发幼儿对大自然的好奇与热爱,通过自发性的学习,让幼儿体验自然现象,激发耐心、细心、爱心和信心。教师会根据幼儿情况进行恰当地指导,让孩子遵循人类自然发展的方式,从而促进自身的自然生长与发展。科学文化领域教具的摆放顺序是按照主题进行,如:地理、历史、天文、动物、植物、人体等。

在蒙台梭利教室中,幼儿的工作材料有序地分类摆放在各个柜架上,每种材料的教育目标及用途都经过精心设计,从左到右、从易到难地有序摆放,且数量适宜。工作材料色彩鲜亮,富有吸引力;放置材料的篮子、盘子及其他容器尽量质朴自然,以免喧宾夺主。每种工作材料只有一套,都有属于自己的位置,让幼儿知道它是独一无二的,而且是特殊的、

值得等待和轮流使用的。有序摆放的工作材料供幼儿自由取用，用完后也由幼儿自己整理并放回原处，然后再进行其他活动。幼儿遵循一定的规则，并按正确的方式操作材料。材料中蕴含的规则能激发幼儿的学习兴趣，也成为幼儿继续工作的动力，在潜移默化中将无意识的行为转变成一种习惯、一种思维方式，成为一个有秩序感的人。

除了五大领域外，在蒙台梭利教室里还布置有和平桌、午休室、盥洗室等区域。

图 7-22　蒙台梭利教室的科学文化区（1）　　图 7-23　蒙台梭利教室的科学文化区（2）

三、蒙台梭利教育环境创设启示

蒙台梭利的教育思想具有广泛的影响力，其环境教育理论具有众多的支持者和实践者。归纳起来蒙台梭利教室情境是这样的：

三个老师带着十多二十个孩子，似乎什么也没有干，只是看着。而小小的孩子们，每一个都在做自己的工作，没有哭、没有闹、没有大笑，偶尔有轻声交谈，偶尔有由衷的微笑，这里的老师和孩子，都获得了他们内心的平静。

教室的布置、物品的色彩，也都会影响孩子的心境，所以纯正的蒙氏环境，总是那一副模样，这是近百年经验的积累。

儿童不按年龄分组活动，而是混龄活动。

儿童通过感官操弄这些教具而学习。外行人拿到这些教具，也不知道它的含义是什么。因为每一个教具，从形状、大小、甚至颜色，都是有其背后的理念来支持，需要通过专业培训的教师来引导儿童学习。

蒙台梭利的环境教育与儿童发展理论是一种关于自由、创造性与发展观等儿童发展问题和文化价值取向的教育理论。在教育实践中，我们往往关注到她的能力训练这一工具价值问题，并由此构建了儿童发展的"工具环境"。这实际上偏离了蒙台梭利的环境与整体育人观的环境教育主张。因此，构建一种以儿童存在价值与意义的文化取向的环境教育理念与实践，这是蒙台梭利环境教育思想与儿童发展理论带给我们的启示。

蒙台梭利环境教育与儿童发展的思想需要适应中国当下儿童教育的现实。我们对外来思想和理论既要秉持一种开放的态度，又要基于本土文化和环境进行适宜性的研究与借鉴。只有这样，我们才能更有效地理解蒙台梭利的教育思想和她的环境教育理论。

第三节 华德福教育环境创设

一、华德福教育环境思想

1. 让幼儿在自然中成长

华德福教育认为"万物应有时",一切都应该按照它自己的时间发生,儿童的发展也是自然而然的过程。幼儿的生活是不应该与自然环境隔离开的,贴近自然的环境才能把幼儿无限的想象力与创造力激发出来。苏联教育家苏霍姆林斯基曾说:"大自然是世界上最美妙的书,它是思想的、活的源泉。"著名的博物学家威尔逊就曾说自己童年时期对自然有一种强烈的迷恋,就是那个时期获取了关于自然界的实际经验,而不是通过系统地学习关于自然界的知识而使自己成为著名的生物学家、社会生命学的创始人的。

华德福教育体系认为儿童从出生到七岁处于"植物性"发展阶段,表现出某种植物的发展特性,大自然的一草一木都符合孩子的认知特点。虽然华德福幼儿园的设施显得格外"简陋",却能让孩子与自然零距离地接触,无论是雨天还是雪天,他们看到的是真实的世界,感受到的是世界真实的变化:白天和夜晚,一年四季的更迭,草木自然的生长;他们能够闻到花的香气,听到鸟的歌唱,看到小动物在他们的面前跑来跑去,而不是被关在笼子里;孩子们可以自由地照料小动物,与它们建立良好的关系。总之,儿童看到的与感受到的一切都力图做到自然、自由、自在。

华德福教育非常重视教学内容的生命意义,摒弃高结构化的教学材料,如铺设的软垫、塑料的大型户外玩具、各种人工制造的玩具和教具,甚至是先进的电子教学设备;华德福幼儿园有木头做的房子(个别条件差的会有水泥结构的房子),木头做的户外玩具,一棵棵大树、沙坑、草地,屋子里面的玩具也几乎都是半成品——要么是些木头块,要么是些羊毛之类的天然物,总之都是真实自然的东西(图7-24、图7-25)。正如华德福学校的一首歌中所述:"我站在大地上,向石头学习……"教育应该要使儿童能够观察和感受自身与大自然的变化节奏,引导他们体悟人是自然界的一部分,人与人、人与自然界的万事万物之间要和谐相处。

图7-24 华德福幼儿园户外环境(1)

图7-25 华德福幼儿园户外环境(2)

2. 让幼儿在生活中自由地成长

斯坦纳强调，孩子七岁以前没有辨识能力，对外界环境是完全开放的，与环境融为一体的。他把孩子与环境的关系描述成"忠于身体的体验"，所谓的"忠于身体"指的是孩子与环境互动时，会为了体验而放弃自我，产生某种全心投入的特质，达到完全无我的状态。因此在环境创设的过程中，华德福幼儿园注重让孩子们的"心灵"喜悦地在生活中自由地发展。华德福幼儿园没有固定的课程和知识要求，因而教师不会因为教学的原因来组织游戏。自由游戏时间，幼儿可以选择在室内过家家、看图画书、摆弄贝壳，也可以在室外荡秋千、滚原木、玩沙子，甚至爬上院子里的桂花树。

华德福幼儿园给幼儿提供的环境更富有生命感，浅粉色调被认为是孩子在母亲子宫时看到的颜色，柔和地拥抱每个幼儿，会给孩子们"温暖如故"的安全感（图7-26）；贴近生活本色的厨房和"季节桌"，显得更有家庭温暖更加生活化；在秩序和结构上以生活逻辑为标准，孩子们每天都要做家务劳动、烹饪、过家家、看偶戏、捏蜂蜡造型、绘画、唱歌、朗诵、跳韵律舞、听故事、户外活动和园艺劳动等。在这些活动中，很少会用到塑料玩具，除了户外的

图7-26 华德福幼儿园室内环境

自然环境，室内的那些玩教具都是用自然材料做的，在玩耍、手工、烹饪等活动中使用大自然的物品会使孩子触摸和感受到真实的世界，同时也培养了其感觉器官的敏锐与协调性。孩子们会遇见各种生活场景，他们会模仿大人学习各种的生活本领，包括照顾他们的"孩子"，给他们唱歌，哄他们睡觉。

二、华德福教育环境特色

1. 淳朴、自然的室外环境

华德福幼儿园简单自然，少了很多现代化的装饰，没有大型的塑料滑梯，没有塑胶操场、大理石甚至水泥路面，而是到处散发着泥土的味道。一块平整的土地上，架着一高一矮两根长圆木，旁边排列着一些距离、粗细不一的矮木桩，矮木桩的旁边是一个大沙坑。隔壁的一块地看起来沟沟壑壑的，新翻出来的泥土堆成一座小丘。院子里不仅有树木和花草，还有一片韭菜地和麦地，麦地四周围着用树枝和藤条绑起来的栅栏，麦地中间立着一个稻草人。一只小狗和一只小猫在院子里追逐着跑来跑去。整个院子看起来原始、自然，更像一处干净整洁的农家庭院。夏天的时候，老师在孩子们自己挖的土坑里面灌上水，让孩子们在水里玩，虽然他们浑身都是泥巴，但是孩子们完全顾不上，玩得别提多开心了。

2. 温馨、有生命力、贴近生活本色的室内环境

进入华德福幼儿园教室，会被同样"自然"的环境所吸引。墙壁被刷成淡淡的粉红色，窗帘是淡蓝色的、薄薄的棉布。灯罩是一个个用铁丝围成的圆球形，上面糊着一层薄纸，纸被喷成粉红色。地板、桌椅和玩具架都是原木的。华德福老师认为，木制的东西最大的

好处就是能够提供给孩子生命力，孩子们看的、摸的、用的东西都是有生命力的。浸泡在这样有生命力的环境里，孩子也会像一棵小树苗一样，慢慢长高，枝繁叶茂。

"季节桌"是每个华德福幼儿园都有的，配合着大自然规律的变化，反映出季节的特征。一般是在房间的一角，放上一张桌子，桌子上铺一块彩色的布，墙上钉上一块棉布或者挂一幅画，创造出所需要的意境。墙上和桌上的布或丝绸会随季节的变化选用不同的颜色。一般春天建议选浅绿色或粉红色，夏天用绿色或深绿色，秋天用黄色、红色、橙色、红褐色，冬天用深蓝色或蓝色。桌子上摆设的物件也会随着季节的改变而不同，旨在体现当季的特征。比如，春天的时候可以摆上迎春花的枝、发芽的种子、抽芽的柳条；夏天可以放上鲜花、绿草、

图 7-27　华德福幼儿园玩具架

西瓜、贝壳等；秋天是丰收的季节，可以放上当季的水果、坚果、红薯、玉米、秋天的花草等，还可以摆上装有豆类和谷物等的透明玻璃瓶；冬天放上松树枝、大白菜等。在适当的位置，会摆些人物（例如当季相关节庆的重要代表人物）、动物、围栏、房子以及相关节日的重要代表物等，力图让整个场景富有生活气息，符合现实的节日特征。在布置"季节桌"时，尽量让幼儿参与创意、采集所需物品，选用孩子们散步时捡拾回来的小东西。

教室内的开放式厨房也是华德福幼儿园的一大特色，有大人使用的厨具，在供老师准备餐点的地方。通常会设计一高一矮两个洗碗池，高的供教师使用，矮的是孩子们洗碗的地方。孩子们玩的时候，老师们准备餐点，做一些清洁洒扫的事，就像在家里妈妈和孩子一样，孩子看到的是日常生活的真实过程，看到每件事是怎么一步一步做的。当孩子们看到面粉，经过老师的手就变成了好吃的饼干的时候，他们会在心里面感受到劳动是一件多么神奇又有意义的事。孩子们跃跃欲试要帮忙的时候，教师就挑些简单的事让他们去做，他们感到被信任和器重就非常开心。教师会要求孩子们吃完饭洗自己的餐具，虽然他们多半洗不干净，他们洗完教师都会再洗一遍，但是不重要，重要的是让孩子体验过程。看得见，才会去模仿。干巴巴的道理小孩子是听不进去的。

图 7-28　华德福幼儿园季节桌

图 7-29　华德福幼儿园厨房

华德福认为图案会过早地刺激孩子，让他们烦躁、漂浮，因此教室不要有图案。太鲜艳的颜色也会让孩子觉得过于繁忙，尽量做到简单，但又要温馨些，让孩子们感觉就像回到了家一样。所以华德福幼儿园初入园的孩子很少出现入园不适的情况，老师们认为跟环境布置有很大关系。当然华德福教室会呈现出不同的结构和样式，但有一点是相同的，就是华德福幼儿园更加侧重于生活的本真状态，更加注重幼儿自身的感受，强调当孩子离开外界的嘈杂进入教室中时，最重要的是让他们产生温暖、安全和被欢迎的感觉，在这一点上，华德福教育是独树一帜的。曾经有家长被问及"你为什么把孩子送到华德福幼儿园？"时，这位家长就说："有次我开车累了，女儿说，'爸爸，到我们幼儿园休息一下。'在孩子心目中，幼儿园是轻松愉快、可以休息的地方。这就足够了。"

3. 自然化、生活化的活动材料

华德福教育认为，幼儿需要有合适的材料，展现他们的想象与幻想，满足其以游戏的方式演绎生活的欲望。因此华德福幼儿园的活动材料以非结构和低结构游戏材料为主，如水、沙子、砖头瓦片、大小不一的石头、形态各异的贝壳、各种植物的种子、叶子、各种坚果、木块、毛线、绳子、木碗木勺、不同颜色的棉布和纱布、大大小小的篮子、木制和竹制的厨房用具、手工编织的动物、手工制作的布偶玩具等。华德福幼儿园的材料会因地域等原因有所不同，也取决于老师能收集到什么，但总体来说，华德福的玩具材料投放，力求简单、自然、符合生活本色，以促进幼儿在游戏中的想象和发散性思维。

值得介绍的是教师们手工制作的低结构化玩具"华德福娃娃"。它们的脸总是空着或者用最简单的方式勾画出来。这种"未完成的玩具"能留出幼儿发挥想象力的空间，当幼儿高兴的时候，会赋予娃娃喜笑颜开的表情；当幼儿不愉快的时候，会赋予娃娃郁闷伤心的表情。在幼儿心中，娃娃是可以和自己交流的，可以随自己的情绪变化而变化的。教师会引导幼儿给娃娃缝制简单的衣服，或者用羊毛和四根树枝制作动物、用团在一起的布料做一只猫等。为了让幼儿发现自己和物质材料之间的内部关系，教师在制作时让幼儿参与进来，或者与幼儿一起进入大自然，以便他们能找到游戏时需要的东西。对于幼儿自己参与制作的玩具，幼儿往往百玩不厌，直到另一个新游戏想法出现为止。

图 7-30　华德福娃娃

三、华德福教育环境创设启示

如今现代化产品充斥着幼儿的生活，电动玩具、电视、电脑、手机成了幼儿最喜欢的玩具。这让幼儿脱离了他们本真的生活，不需自己动脑动手，只需要在成人设计构造的产品中固定动作，只享受视觉的冲击和被动的接纳。虽然很现代化、很热闹、很刺激，但缺乏创造和想象的余地，使幼儿的动手能力和创造性思维走向退化，使幼儿的生活变得浮躁而单调。

华德福教育环境让幼儿亲近自然,在自然情景中体会宇宙之道,领悟鲜活的自然规律,感知自然之子的身份;让幼儿回归生活的本真,在温暖、安全的环境中体味真实的生活,并为幼儿自由参与生活创造了条件。这是独树一帜的,值得教育者反思的。

一个好的玩具,应该是能够滋养幼儿的感官的、能够激发幼儿丰富的想象力和创造力的。华德福幼儿园就地取材,将种子、贝壳、毛线、木块等具有自然特色、生活特色的材料作为幼儿的玩具,不仅节约了成本,还丰富了幼儿的感官体验,保护了幼儿与生俱来的想象力,促使幼儿创造力得以最大限度地发挥,这也是值得教育者思考和效仿的。

拓展阅读

屠美如.向瑞吉欧学什么——《儿童的一百种语言解读》.北京:教育科学出版社,2002.

丹尼尔·沙因费尔德,凯伦·黑格,桑德拉·沙因费尔德.我们都是探索者.屠筱青,译.南京:南京师范大学出版社,2014.

玛利亚·蒙台梭利.童年的秘密.梁海涛,译.上海:上海人民出版社,2016.

刘迎杰.蒙台梭利教学法.北京:高等教育出版社,2015.

实操练习

参观本地幼儿园的环境创设,制作一个幼儿园环境创设的视频,要求体现幼儿园的特色。

第八章 幼儿园环境创设评价

学习目标

1. 了解幼儿园环境创设评价的功能、内容、评价者及评价方法。
2. 掌握幼儿园环境创设案例的评析方法。
3. 进行幼儿园环境创设案例的评价与分析。

思维导图

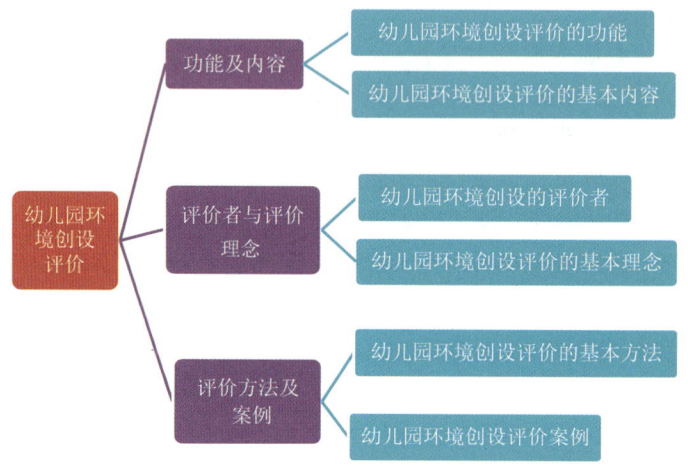

微信扫码获取

文本资料、环创实例、拓展练习

导入活动

无论成人还是孩子，在步入一所幼儿园的时候，首先映入眼帘的是幼儿园环境，通过幼儿园环境给自己带来的感受，对幼儿园产生初步的印象和评价。从学前教育专业角度来看，幼儿园环境是影响幼儿发展的重要因素；评价即评定价值。幼儿园环境创设评价是幼儿园教育评价中不可或缺的内容，是提高幼儿园环境质量、充分发挥环境资源教育价值的重要手段。

图 8-1 领导视察幼儿园环境

第一节 幼儿园环境创设评价的功能及内容

幼儿园环境创设评价是根据正确的教育价值观，依据一定的标准和程序，有目的、有计划、有组织地对幼儿园环境各个方面的工作进行深入的调查和科学分析，然后做出价值判断的过程。《纲要》第四部分"教育评价"第七条第二方面指出："教育工作评价宜重点考察教育的内容、方式、策略、环境条件是否能调动幼儿学习的积极性。"可见，幼儿园环境创设评价作为幼儿园教育评价的重要组成部分，旨在了解教育环境的适宜性、有效性，进而调整和改进幼儿园教育的环境条件，促进幼儿的发展，提高教育质量。

一、幼儿园环境创设评价的功能

1. 诊断与改进功能

诊断与改进是评价的重要功能。在环境创设评价过程中发现存在的问题，及时通过信息反馈，引起评价者与被评对象的注意，根据评价标准采取科学适宜的改进措施，促进幼儿园环境质量的提高。通过幼儿园环境创设评价，发现幼儿园环境创设与预定目标之间的差距和问题，使教师及幼儿园领导明确努力方向，提高环境创设的质量，对改善今后的环境创设工作做到心中有数。改革往往源于问题的发生与发现，而评价则是诊断与改善现实问题的重要手段。

2. 鉴定和激励功能

幼儿园的一切教育活动是在教育目标的指导下进行的，包括幼儿园环境在内的教育活动是否已经达到所提出的要求，需要通过评价做出鉴定。这是教育评价的重要功能之一，即检查和鉴定教育目标是否达成，以及达成度如何。对幼儿园环境创设的评价既可以是全面的、综合性的，也可以是针对某一方面的、单向性的。

评价同时具有一定的激励功能。当科学、公正的评价与适宜的奖惩制度相结合时，可以帮助幼儿园环境创设的教育工作者认识到自己工作的优缺点，同时激发内在的动机，调动幼儿园教师对环境创设工作的积极性，进而提高幼儿园环境的质量。因此，幼儿园环境创设评价的激励功能也反映了评价对促进幼儿园环境创设的推动力。

3. 导向与调节功能

幼儿园环境创设评价，其评价结果会对评价对象产生强烈的"明示"作用，评价对象通过评价反馈适时调节自己的环境创设观念与行为，保证自己的环境创设想法与评价要求保持一致。因此，幼儿园环境创设评价将引导幼儿园环境创设的方向。

二、幼儿园环境创设评价的基本内容

《规程》中指出："创设与教育相适应的良好环境，为幼儿提供活动和表现能力的机会与条件。"因此，幼儿园环境创设评价应围绕与教育相适应的要求来展开。根据教育目标，幼儿园环境创设的评价，主要包括以下三个方面的内容：

（一）对物质环境完善程度的评价

幼儿园物质环境的完善程度涵盖了幼儿园所有室内外的活动设施设备。包括幼儿园所有房舍、庭院、室外活动场地、设备用具设施、动植物环境（图8-2、图8-3）。幼儿园房

舍包括生活用房、服务用房、供应用房三大类，生活用房主要包括活动室、寝室、卫生间、衣帽储藏室、音体活动室等；服务用房主要包括保健室、隔离室、晨检室、教职工办公室、资料室、会议室、传达室以及教职工厕所、浴室等；供应用房主要包括幼儿厨房、消毒室、烧水间、库房等。设备用具设施包括玩具教具、文具图书、运动器械、桌椅寝具橱柜、饮食用具、盥洗用具。动植物环境包括幼儿园绿化面积、动植物种类及布置。对幼儿园物质环境完善程度的评价可以从幼儿园室外物理环境和幼儿园室内物理环境两个方面进行。

1. 幼儿园室外物理环境

幼儿园占地面积符合国家标准，能充分考虑幼儿园各类人员的工作需要，有方便家长接送的安全通道；房舍设计科学合理富有童趣，符合采光、安全等要求；幼儿户外运动场地和游戏设施科学先进，保证安全，有利于帮助幼儿获得多方面的运动经验；有一定面积的绿化和养殖种植区域，有利于幼儿与自然充分互动，对大自然产生好奇心与探索兴趣。

2. 幼儿园室内物理环境

幼儿园室内空间符合国家标准，活动室、寝室、卫生间设计等有利于幼儿身心健康；室内采光通风、保温散热情况良好，各类设施设备安全卫生，有利于幼儿的学习与生活；服务用房、供应用房的规划设置安全合理，能最大限度地发挥教育辅助作用。

图 8-2　幼儿园房舍

图 8-3　幼儿园楼顶室外活动场地

（二）对精神环境和谐程度的评价

幼儿园环境创设中应能体现出轻松、温馨、关怀、友爱、合作、互助等人文气息，使幼儿的精神、气质、人格得到良好的熏陶。幼儿园精神环境和谐程度的评价可以从幼儿园人际环境和幼儿园文化环境两方面进行：

1. 幼儿园人际环境

幼儿园人际关系是幼儿园精神环境的重要组成部分，幼儿园人际关系和谐程度包括教师与教师的关系、教师与幼儿的关系、幼儿与幼儿的关系、园领导与教职工的关系、家长与幼儿园的关系是否平等、健康。其中教师与幼儿关系的和谐平等是幼儿身心健康发展的基础；幼儿之间的和谐友好满足了幼儿被同伴接纳和承认的需要；园领导与教职工关系的和谐是整个幼儿园精神环境的枢纽；教师与教师之间的合作互助有利于教师的专业成长和心理健康；家长与幼儿园之间的理解支持与合作为幼儿健康成长提供了保障（图 8-4、图 8-5）。

图 8-4 幼儿园幼儿自主游戏

图 8-5 幼儿园师生共同游戏

2. 幼儿园文化环境

幼儿园园所文化是幼儿园所有成员在幼儿园共同生活中逐渐形成的群体价值观,包括精神风貌、治学素养、人际交往等风格的总和。物质文化、精神文化、制度文化是幼儿园文化环境的三个方面。物质文化主要是指幼儿园整体环境以及基础设施等,优美的校园环境以及完备的校园设施可以更好地实现环境育人的价值功能;精神文化是指幼儿园的团队精神以及教师师德方面的文化,以人为本的精神文化建设可以更好地增强幼儿园的团队凝聚力,为幼儿的健康发展做出贡献;制度文化则是保证幼儿园内正常秩序所必不可少的文化建设,只有完善制度,才能在日常工作中做到有章可依、有章必循,让教师将规范内化为潜意识。幼儿园管理者"制度约束"和"人文关怀"的结合情况,是幼儿园文化环境评价指标体系中重要的组成部分,这三种园所文化如果建设良好,能够最大程度上激发教师的工作积极性,培养责任意识以及以人为本的教育理念,也是幼儿园实现保教目标的重要保证。

(三) 对活动环境和材料的评价

幼儿园活动环境和材料的评价是幼儿园环境创设评价的重要内容,包括幼儿园为保证教育活动顺利开展创设的各种展示、各班的主题墙创设、区域游戏环境创设、户外游戏环境创设以及教育情境创设、生活环境创设等。幼儿园活动环境和材料的评价要求是伴随着幼儿园教育活动的开展而产生的,评价内容主要包含以下四点:

第一,是否与幼儿园教育活动内容相适应;

第二,是否能适合儿童的实际需要与能力;

第三,是否适合教育活动的开展;

第四,是否能充分发挥环境和材料的作用。

第二节 幼儿园环境创设评价者与评价理念

幼儿园环境创设的评价工作一直是教育工作者非常重视的问题,评价者由一定的社会人员构成,评价者也不是只凭主观经验或直观感受来随意评定或判断环境创设的优劣,而是有一定的方式方法,并遵循一定的原则来进行评价的。

一、幼儿园环境的评价者

幼儿园环境创设的评价工作,主要由管理者、幼儿园教师、幼儿及幼儿家长承担,其评价过程是各方共同参与、相互合作的过程。

1. 管理者

这里的管理者是指教育行政部门的相关管理干部、高校和教育科研机构的研究人员、幼儿园管理人员。根据国家教育行政部门和其他有关部门对于幼儿园环境创设的要求和评价标准，对幼儿园环境做客观、科学的评价。

2. 幼儿园教师

幼儿园教师既是评价的主体又是评价的客体。教师作为评价主体时可以对其他人所创设的幼儿园环境依据标准进行相关评价；作为评价客体时，接受管理者或其他机构、人员对其环境创设进行评价。

3. 幼儿

幼儿是环境创设的参与者，也是幼儿园环境的评价者。让幼儿参与到幼儿园环境创设评价中来，不仅给予幼儿表达机会，让幼儿评判出自己最感兴趣、最喜欢的环境，而且可以激发幼儿的主观能动性，使其更积极地参与幼儿园环境创设，在与环境的积极互动中获得发展。

4. 家长

家长参与幼儿园环境创设评价，对幼儿园环境提出意见与建议，能集思广益，扩展优化幼儿园环境创设思路；同时家长又是幼儿园环境的创设者，为幼儿园提供环境创设材料、废旧物品等，增进家园互相了解，共同促进幼儿身心和谐发展。

二、幼儿园环境创设评价的基本理念

良好的幼儿园环境是与教育相适应的。如何评价幼儿园环境是否与教育相适应，就等同于用什么样的质量标准去衡量幼儿园，这牵涉到幼儿园今后发展的方向。概括起来评价幼儿园环境创设的基本理念包含以下几点：

1. 看环境与教育目标的结合

评价环境创设时不仅要关注环境创设的形式美评价，如造型美、色彩美、构图美等，更多地应考虑环境创设与幼儿教育的内容、目标与要求的适应性。幼儿园环境创设是动态发展的，应根据不同的季节特征、本地区的特色和幼儿园课程进展，定期评估与修改更新，让环境为教育目标的达成服务。

2. 看环境具有教育功能的大小

评价环境创设应关注环境产生的教育功能大小，看环境创设过程中投入的人力、物力、财力、时间和精力是否产生教育作用，是否出现环境成为摆设的现象。应重点评价环境创设中"废物利用""一物多用""一室多用"的情况，使环境创设的教育功能最大化，减少幼儿园物力财力的浪费，凸显环境的教育性功能。

3. 看幼儿与环境的互动程度

幼儿是教育主体，幼儿园环境是为教育服务的，因此幼儿园环境创设评价应充分尊重教育的主体——幼儿。应从幼儿的角度评价幼儿园环境创设，环境创设的构思、设计、使用和评价、环境管理和环境规则的制定都应尊重幼儿的主体性，让幼儿充分参与到环境创设中来，给予幼儿选择、参与、评价的机会。幼儿与环境的互动程度是幼儿园环境创设评价的重点。

4. 看局部环境和整体环境的统一

幼儿园环境创设评价应避免片面单一的评价，如只注重环境的审美性或者整齐性，只注重墙饰的布置和区角的布置等。评价时应将局部环境和幼儿园整体环境结合起来评价，与幼儿园的人文环境统一起来，充分根据幼儿园的环境条件进行创设。

第三节 幼儿园环境创设评价方法及案例

幼儿园环境创设是幼儿园教育工作的重要组成部分，对幼儿园环境创设进行有效评价，有助于提高教师环境创设的水平，使环境充分发挥教育功能，为幼儿的健康发展提供保障。幼儿园环境创设评价涉及各个不同的方面，应结合具体的评价目的和内容，选择相应的评价方法。不同的评价方法从不同的角度入手收集资料和做出相应的价值判断，各有优缺点。现代教育评价理念提倡多种方法的兼容并包，互相补充。

一、幼儿园环境创设评价的基本方法

1. 绝对评价和相对评价

（1）绝对评价：根据某种绝对客观的标准将评价对象的有关方面与标准进行比较。例如某地区教育主管部门协同专家和资深专业教师，根据有关文件精神，拟定了本地区的幼儿园环境质量标准，用来作为"优质幼儿园"评估标准之一（见表8-1幼儿园室内外物理环境评价标准、表8-2幼儿园户外环境创设评估细则）。

（2）相对评价：根据个别评价对象的整体状况来确定标准，然后把各个对象与整个环境进行比较，评价各个对象到这个标准的程度并排序。例如，对某地区幼儿园班级环境创设进行评价，得出该阶段的班级环境创设的评价结果。过了一段时间，再次对该幼儿园班级环境创设进行测评，来判断幼儿园班级环境创设的发展情况如何，是进步还是退步。此类评价结果表示评价对象在整体中的相对位置（见表8-3幼儿园班级环境创设评价表）。

2. 分解评价和综合评价

（1）分解评价：预先根据一定的评价观点，把评价内容分解成几个方面，分别加以检测和评定（见表8-3幼儿园班级环境创设评价表）。

（2）综合评价：指对评价的整体状况做出评定的方法。例如，幼儿园班级的主题墙创设评价中，除了分解评价外，还根据评价者的考评经验，综合分析给出文字性评价或者数字评分（见表8-3幼儿园班级环境创设评价表、表8-4幼儿园主题墙创设评价表）。

3. 自我评价和他人评价

（1）自我评价：是指根据评价要求对自己所做的幼儿园环境创设进行评价，自己是评价主体。为了提高评价的客观有效性，自我评价和他人评价往往结合起来使用（见表8-3幼儿园班级环境创设评价表）。

（2）他人评价：由外部人员或其他教师对幼儿园环境创设做出评判（见表8-3幼儿园班级环境创设评价表）。他人评价相对于自我评价具有客观公正性，但耗时耗力。

二、幼儿园环境创设评价案例

1. 幼儿园室内外物理环境评价标准

幼儿园室内外物理环境评价标准参照某省级优质幼儿园评估标准中"办园条件"设计，评价标准分为四个等级（A、B、C、D），分别明确了等级达标要求。A等级越多表示物理环境创设评价越高。

表8-1 幼儿园室内外物理环境评价标准

一级指标	二级指标	评价标准 A	B	C	D
面积	幼儿人均用地、建筑、绿化面积分别达到15、9、2平方米；户外幼儿活动场地生均6平方米以上	四个要素全部达标，评为A级	四个要素均达到标准的80%以上，评为B级	二、四要素达到标准的80%以上，一、三要素达到标准60%以上，评为C级	二、四要素在标准的80%以下，或一、三要素在标准的60%以下，评为D级
生活、学习、游戏条件	各班活动室、寝室、卫生间、储藏室配套，专用活动室面积能满足幼儿活动需要	各班用房配套，幼儿午睡做到一人一床一被，并有各种专用活动室，评为A级	两班共用寝室、卫生间，专用活动室稍缺或面积较小，评为B级	多班共用寝室、卫生间，活动室面积仅达到规定标准的80%，评为C级	活动室面积低于规定标准的80%，评为D级
各类场地条件	有草坪、沙池，有足够的软地，有饲养场（角）、种植园地（角），各类场地的比例、布局合理，安全卫生，使用率高	各类场地齐全并有效使用，农村园可共享园外饲养、种植资源，小区内幼儿园可共享小区种植资源，评为A级	户外软质场占户外活动场地的50%，评为B级	户外软质场少于户外场地面积40%，评为C级	各类场地严重缺乏，或存在重大安全卫生隐患，评为D级
体育锻炼条件	有满足幼儿开展各类体育活动需要的大型体育运动器械、器具，有保证幼儿在阴雨天活动的场地或设备	大型玩具、运动器械品种丰富、数量充足，有阴雨天活动场地和设备，评为A级	大型玩具、运动器械数量、种类较少或阴雨天活动场地较小，评为B级	大型玩具、运动器械数量、种类严重不足，或无阴雨天活动场地和设备，评为C级	无大型玩具、运动器械，或严重陈旧破损且存在大的安全隐患，评为D级
室内设备条件	各班有符合幼儿身高、配套的桌椅；有开放式的玩具橱、图书架、钢琴、电视机等；有良好的照明、通风、消防、防寒、降温设备	各类设施设备数量、质量均符合规定要求（农村园班级可配电子琴但全园须有1台钢琴，防寒降温设备不专指空调），评为A级	各类设施设备基本符合规定要求，评为B级	桌椅不符合幼儿身高，或钢琴（电子琴）、电视等设备数量不足，评为C级	无消防设施或陈旧不能正常使用，评为D级
室内教玩具	玩具数量足够，能满足幼儿一日活动需要；有必要的教具，有摄像、摄影、投影等现代教学设备	玩具配备种类齐全、数量充足，有规定的现代化教学设备，评为A级	玩具或教具数量不足，评为B级	教具数量不足、质量一般，评为C级	玩具数量严重不足、质量存在严重问题，评为D级

(续表)

师生图书	幼儿图书（不含课程用书）生均10册以上，教工图书（含各类教育、教学参考书）人均20本以上，订有5种以上省级学前教育报刊	图书和报刊数量、品种符合标准，流通率高，有正常购书制度，评为A级	人均图书达到标准的80%，有自备图书补充，总量达标，评为B级	幼儿人均图书不达标准80%或数量虽达80%但质量一般，评为C级	人均图书低于标准的70%，或质量较差，评为D级

2. 幼儿园户外环境创设评估细则

表8-2 幼儿园户外环境创设评估细则

核心指标	分值	具体指标与分值	评分细则	得分
周边环境	10	1. 园址远离各种污染源、危险区，园门外50米内无乱设摊点经营现象（2） 2. 避开主要交通干道和建筑物阴影区；农村幼儿园应避开养殖场、屠宰场、垃圾填埋场和水面等不良环境（6） 3. 日照充足，场地干燥，排水通畅，环境优美或接近城市绿化带（2）	1. 园址周围有污染源、危险区不参评，有经营现象扣2分 2. 幼儿园活动场地毗邻主干道，离主干道（xxx路）不足10米扣3分，没有防噪声、防污染设施的扣3分。设在建筑物阴影区扣3分，设在养殖场、屠宰场、垃圾填埋场的扣3分 3. 无排水设施扣2分，周边环境差或无城市绿化带扣2分	
园舍建筑	15	1. 幼儿园园舍独立封闭，布局合理，园区四周建设有固定基础的围墙、围栏，有遮挡坠落物等安全防护措施（5） 2. 建筑科学、安全、朝向适宜，符合儿童特点，空气流通，光线充足（5） 3. 建筑面积3班型不少于796㎡，6班型不少于1880㎡，9班型不少于3145㎡（5）	1. 园舍不独立封闭，四周建设没有固定基础的围墙、围栏扣5分 2. 布局不合理扣1分；园舍设在高层建筑内或多层公共建筑内，遮挡或防止高空坠物防护措施不足户外场地1/3的扣5分；安全防护设施不完备扣2分 3. 不符合儿童特点扣1分；幼儿活动室不设在阳面的扣1分，空气不流通、光线不足扣1分 4. 建筑面积少于796㎡不参评，每少100㎡扣1分 5. 园舍不独立封闭、没有固定基础的围墙（围栏）等少一项扣1分	
场地面积	20	户外活动场地面积为：园舍建筑面积/容积率－园舍地基面积。3—6班型容积率0.55，9班型容积率0.58，12班型容积率0.65。班型为建筑面积除以8.8再除以30	户外活动场地面积不足540㎡的不参评，和标准化幼儿园户外活动场地比，每少50㎡扣1分	
规划设计	35	1. 幼儿园户外活动空间能做整体规划和设计，有规划设计图（3） 2. 场地平整、安全、防滑，无危险物和杂物，利于幼儿开展各种游戏（3） 3. 场地布局合理，30米跑道、沙池、戏水池、饲养区、种植园地等达到《标准》和《规范》要求，功能完备；设置旗杆和旗台（7） 4. 有石子路、软化带、绿化带等多种地面类型，且考虑土丘等地形变化，室外游戏场地应设置软质地坪，软质地坪面积应大于70%（5）	1. 无规划不得分，规划不系统扣2分，无规划图扣2分 2. 幼儿园不平整扣1分，不安全扣1分，不防滑扣1分，有杂物扣1分，有危险物扣1分。每缺1项或不达标扣2分 3. 没有地面类型变化扣3分，没有地形变化扣2分，软质地坪面积达不到70%扣2分 4. 没有有效利用围墙、平台扣3分，每缺少一类区域或区域不完善扣2分	

（续表）

项目		评分标准	
规划设计	35	5. 综合有效利用地面、平台、围墙等多种活动空间，开发多功能活动区域，综合创设运动区（攀爬区、平衡区、投掷区、悬垂区、触跳区等）、建构区、探索区（沙水区、动植物区、观察区、科学现象探索发现区）、美劳区、装扮区等（12） 6. 幼儿园绿化率（包括平面和垂直绿化）占户外活动面积不低于30%（5）	5. 无绿化扣5分，绿化率不足20%扣1分，不足10%扣2分，10%以下扣3分，绿地中严禁种植有毒、带刺、有飞絮、病虫害多、有刺激性的植物，不符合要求每有1种扣1分
材料投放	20	1. 户外活动材料包括大型、中型和小型（可移动）等各种类型（4） 2. 材料投放符合运动、建构、探索、美劳、装扮等各区域特质和功能（4） 3. 材料投放种类丰富，数量足够（4） 4. 材料符合幼儿年龄特点，有选择性和开放性（4） 5. 材料环保、安全、分类、有序摆放（2） 6. 有分类材料储藏间，防雨、防日晒（2）	1. 无大型组合多功能玩具扣2分，中小型材料每缺一类扣2分 2. 无中型固定类、外显区域材料，每缺一类扣2分，功能不对应扣2分 3. 材料种类单一不丰富扣2分，数量不足一个班级幼儿数量扣2分，材料在大小、重量、功能等方面缺乏层次性和可选择性扣2分，功能单一、缺少变化性扣2分 4. 材料不安全和环保不参评，没有分类摆放扣2分，没有分类储藏间扣2分

3. 幼儿园班级环境创设评价

幼儿园班级环境创设评价是指对幼儿园各班级为满足幼儿学习、生活、娱乐等各种活动的需求所进行室内环境布置的评价。评价项目包括主题墙、区域游戏创设、自然角、评比栏、家园联系栏、走廊、衣帽间、盥洗室整体环境。

表8-3　幼儿园班级环境创设评价表

班级：　　　　　　　　　　　　　　　　　　　　　评价时间：　　年　　月　　日

项目	评分标准	自评	他评
主题墙（20）	1. 空间布局合理、有适用性，能根据不同的季节特征和园课程进度情况调整变化（6分） 2. 内容选择突出主题，有创造性、变化性、童趣性，富有美感，作品呈现方式多样、实用，能根据实际展示平面和立体的作品。并符合本班教育目标与内容要求及幼儿的需要（3分） 3. 材料丰富，渗透环保，色彩运用美观、协调（3分） 4. 幼儿能参与主题墙的创设，能让幼儿与主题墙产生对话（5分） 5. 主题墙的创设蕴含着教育价值，有利于幼儿获得与主题相关知识，扩展视野，能体现师幼间的互动（3分）		
区域游戏创设（15）	1. 充分利用园舍空间和各种资源，区域环境与主题内容协调一致，体现环境对幼儿的暗示作用，以及展示幼儿区域作品的作用（5分） 2. 区域布局合理，材料的选择与投放符合幼儿年龄特点，区域材料摆放有序，便于幼儿取放（5分） 3. 材料丰富多样，有充足的半成品和供幼儿使用的工具与材料，满足幼儿的需要，玩具材料具有多功能性（3分） 4. 区域材料整洁美观，安全卫生，无毒无害（2分）		

(续表)

项目	评分标准	
自然角（15）	1. 充分利用不同季节的资源，调动幼儿与家长参与的积极性，自然角摆放有序，便于幼儿观察、记录（5分）	
	2. 自然角种类丰富，有多元化特点如盆景、花卉、种植、干果种子、水果、小动物等。且分类整齐，如分种植区、饲养区、植物种子区、果实展示区等（5分）	
	3. 各类物品标签统一（2分）	
	4. 自然角整体布置美观，布局有自己的特色（3分）	
幼儿评比栏(10)	1. 布局合理设计，富有童趣性，能二次布置（5分）	
	2. 日常利用率高。达到评比栏设置的目的（5分）	
家园联系栏(10)	1. 在固定形式的家园联系栏上附加设计，富有独特性（3分）	
	2. 栏目美观，标题醒目，本周活动安排齐全。如（周计划、育儿知识、请你配合、小任务等）（4分）	
	3. 联系内容选材适当、字迹工整、纸张齐全（3分）	
走廊（10）	1. 设计主题鲜明、有特色（5分）	
	2. 物品摆放整齐、实用性强、利用率高（5分）	
整体环境衣帽间、盥洗室（20）	1. 班级各类物品摆放整齐有序，整洁干净，统一归类（5分）	
	2. 整体环境符合班级幼儿年龄特点（3分）	
	3. 布置新颖，体现老师细心、用心独特的匠心（5分）	
	4. 班级卫生环境好，无卫生死角（2分）	
总体评价		评分人：

4. 幼儿园主题墙创设评价表

主题教育活动是指教师与幼儿在一段时间里围绕具有内在脉络或价值关联的中心内容来开展的教育教学活动。由于主题教育活动更强调幼儿的主动探究，更注重幼儿与环境的互动，因此主题教育环境创设评价侧重于呈现主题教育活动开展过程及幼儿在活动中经验的提升效果。在主题教育活动开展过程中，教师需要经常对互动环境进行评估，使各个方面的布置有利于支持鼓励幼儿的学习，从而实现主题活动目标。

表8-4　幼儿园主题墙创设评价表

班级：　　　　　　　　　　　　　　　　　　评价时间：　　年　　月　　日

项目	评分标准	自评	他评
主题墙与主题活动紧密结合 40分	1. 墙面布置体现明确的教育目标和教育理念（15分）		
	2. 主题墙能引发、支持和引导幼儿"生长"新的知识经验，充分发挥墙面环境的教育价值（15分）		
	3. 能将主题活动中的一系列活动像"骨架"一样呈现出来，脉络清晰，层次清楚（10分）		
幼儿在主题墙面创设中的主体地位 40分	1. 主题墙为幼儿的展示和创作提供平台，吸引幼儿积极参与主题墙创设（20分）		
	2. 主题墙面有效整合了五大领域的内容，表现形式丰富多样，注重呈现幼儿多样化的表达（10分）		
	3. 主题墙面创设能面向全体幼儿，同时关注个别表现（10分）		

(续表)

主题墙各板块的布局设置 20分	1. 以醒目的图示标出一级主题名称，适当添加二级主题（5分）		
	2. 幼儿用图画表达自己的想法时，教师配以文字说明，让大家明白幼儿的想法（5分）		
	3. 墙面布置有艺术美感、富有童趣（10分）		
总体评价			评分人：

5. 幼儿园游戏环境评价

幼儿园游戏环境主要包括室内区域游戏环境和室外区域游戏环境，是幼儿实现个性化发展的重要平台。进行幼儿园室内外区域游戏评价有助于教育者及时了解幼儿对游戏内容、游戏材料等方面的需求，及时调整游戏环境，有效地支持幼儿游戏，提高游戏指导水平，促进教师专业发展。

表8-5　室内区域游戏环境评价表

评价时间：　　　　　　　　　　　　　　　　　　　评价人：

评价内容 班级	区域内容设置科学（30分）	区域材料投入恰当（30分）	区域规则建立合理（10分）	材料摆放整齐有序（10分）	区域评价记录清晰（20分）	总分
大一班						
大二班						
中一班						
中二班						
小一班						
小二班						

对幼儿园室外游戏环境的评价主要包括游戏时间、游戏场地面积及质量、室外游戏场地的结构和相应的器械设备等。

表8-6　幼儿园室外游戏环境创设评价表

评价时间：　　　　　　　　　　　　　　　　　　　评价人：

项目	评价内容	优	良	中	得分
游戏场地创设50分	场地平整、安全、防滑，无危险物和杂物，利于幼儿开展各种游戏	10	8	6	
	场地布局合理,30米跑道、沙池、戏水池、饲养区、种植园地等达到《标准》和《规范》要求，功能完备；设置旗杆和旗台	10	8	6	
	有石子路、软化带、绿化带等多种地面类型，且考虑土丘等地形变化，室外游戏场地应设置软质地坪，软质地坪面积应大于70%	10	8	6	
	综合有效利用地面、平台、围墙等多种活动空间，开发多功能活动区域，综合创设运动区（攀爬区、平衡区、投掷区、悬垂区、触跳区等）、建构区、探索区（沙水区、动植物区、观察区、科学现象探索发现区）、美劳区、装扮区等	15	10	5	
	幼儿园绿化率（包括平面和垂直绿化）占户外活动面积不低于30%	5	3	2	

(续表)

项目	评价内容	优	良	一般	得分
游戏材料创设 50分	户外活动材料包括大型、中型和小型（可移动）等各种类型	10	8	6	
	材料投放符合运动、建构、探索、美劳、扮演等各区域特质和功能	10	8	6	
	材料投放种类丰富，数量足够，符合幼儿年龄特点，有选择性和开放性	10	8	6	
	材料环保、安全、分类、有序摆放	10	8	6	
	有分类材料储藏间，防雨、防日晒	10	8	6	
总体评价					

6. 幼儿园精神环境评价

幼儿园精神环境创设评价包括园内精神环境创设评价和园外精神环境创设评价，通过对园内外精神环境创设的评价，帮助幼教工作者进一步全面掌握精神环境创设要领，提升精神环境创设的水平，努力为幼儿创设宽松、安全、和谐、没有压力的精神环境，促进幼儿快乐成长。

表8-7 幼儿园精神环境创设评价表

评价时间： 评价人：

项目	分类	评价内容	优	良	一般	得分
园内精神环境创设 60分	师幼关系 22分	对待幼儿有支持、合作、尊重的态度和行为	8	6	3	
		以民主的态度对待幼儿，允许幼儿大胆表达自己的看法	8	6	3	
		幼儿与教师相处感到轻松愉快	6	4	2	
	同伴关系 22分	愿意倾听他人和表达自己	8	6	3	
		建立互相关心、友爱的氛围	8	6	3	
		能够经常使用礼貌用语	6	5	4	
	员工关系 16分	能互相尊重，彼此包容、理解	8	6	4	
		真诚友善、友好互助	8	6	4	
园外精神环境创设 40分	家园合作 30分	与家长建立良好的联系，吸引家长了解幼儿在园情况，了解幼儿园教育	10	8	6	
		积极组织家长活动和亲子活动，帮助家长提高教育能力	10	8	6	
		向家长开放活动，争取家长理解、支持和主动参与幼儿园活动	10	8	6	
	社区合作 10	合理开发和利用社区资源，扩展幼儿生活学习空间	5	3	2	
		与社区建立良好的互动合作关系，为社区早教提供服务	5	3	2	
总体评价						

幼儿园精神环境创设评价主要通过观察幼儿园中教师与幼儿、幼儿与幼儿、员工之间的互动表现，查看幼儿园各项活动、家园活动、社区活动的过程性记录，综合各项表现后在评价表上打分，并进行文字评价，指出优点和建议，便于幼儿园教职员工改进工作，有的放矢地提升精神环境创设水平。

拓展阅读

王微丽,霍力岩.幼儿园区域活动材料设计与评价/幼儿园区域活动材料丛书.北京：中国轻工业出版社,2019.

哈姆斯.幼儿学习环境评量表（共3册）.周欣,译.上海：华东师范大学出版社,2015.

蔡慰文.幼儿园保教质量监控指导手册.福州：福建教育出版社,2019.

实操练习

试着评价图8-6至8-11的幼儿园环境创设。

图8-6　幼儿园天气记录墙

图8-7　幼儿园英语游戏角

图8-8　幼儿园"中国娃"主题墙

图8-9　幼儿园娃娃家游戏角

图8-10　幼儿园盥洗室

图8-11　幼儿园废旧材料收集箱

参考文献

1. 李季湄,冯晓霞.3—6岁儿童学习与发展指南(解读)[M].北京:人民教育出版社,2013.
2. 刘吉祥,彭程,何仙玉.幼儿园环境创设[M].长沙:湖南大学出版社,2017.
3. 虞永平,田艳.论陈鹤琴的幼儿园课程思想[J].山东教育,2003（18）.
4. 中公教育教师资格考试研究院.保教知识与能力[M].北京:世界图书出版公司,2017.
5. 杭梅.学前教育学[M].北京:高等教育出版社,2014.
6. 教育部基础教育司.《幼儿园教育指导纲要（试行）》解读[M].南京:江苏教育出版社,2002.
7. 袁爱玲,廖莉.幼儿园环境创设理论与实操[M].上海:华东师范大学出版社,2017.
8. 屠美如.向瑞吉欧学什么:《儿童的一百种语言》解读[M].北京:教育科学出版社,2002.
9. 崔岚,许玭.孩子眼前一面墙——图解幼儿园班级主题墙的虚与实[M].上海:华东师范大学出版社,2018.
10. 董旭花,韩冰川,张海豫.幼儿园户外环境创设与活动指导[M].北京:中国轻工业出版社,2018.
11. 陈园园.华德福教育的实践探索[D].重庆:西南大学,2012.
12. 郝江玉.本土资源的开发与园本课程建设[J].学前教育研究,2014（5）:61-63.
13. 王建平,郭亚新.蒙台梭利环境教育思想与儿童发展关系的理论建构[J].比较教育研究,2016（11）:55-59.
14. 斯坦纳.斯坦纳给教师的实践建议[M].温鹏,译.贵阳:贵州教育出版社,2013.
15. 安慧.促进资源转化的幼儿园环境评价指标构建[D].昆明:云南师范大学,2014.

16. 宋文霞,王翠霞.幼儿园一日生活环节的组织策略[M].北京:中国轻工业出版社,2017.

17. 廖莉,吴舒莹,袁爱玲.幼儿园生活活动指导[M].福州:福建教育出版社,2014.

18. 汤志民.幼儿园环境创设——指导与实例[M].上海:华东师范大学出版社,2013.

19. 李贞.幼儿园环境创设[M].镇江:江苏大学出版社,2019.

20. 杨丽丽.幼儿园游戏精神环境的创设与思考[J].天津市教科院学报,2014(4):79-82.

21. 北京市教育科学研究所.陈鹤琴教育文集[M].北京:北京出版社,1983.

22. 联合国教科文组织总部.教育——财富蕴藏其中[M].联合国教科文组织总部中文科,译.北京:教育科学出版社,2006:144.

23. 胡庆芳.优化课堂教学:方法与实践[M].北京:中国人民大学出版社,2014.

24. 郑金洲.教学方法应用指导[M].上海:华东师范大学出版社,2006.

25. 杨枫.幼儿园教育环境创设与玩教具制作[M].北京:高等教育出版社,2006.

26. 蒙台梭利.有吸引力的心灵[M].吴学颖,译.广州:广东经济出版社,2013.

27. 蒙台梭利.童年的秘密[M].爱立方,译.北京:北京理工大学出版社,2015.

28. 蒙台梭利.发现孩子[M].胡纯玉,译.北京:中国发展出版社,2006.

29. 苏霍姆林斯基.苏霍姆林斯基选集(第3卷)[M].北京:教育科学出版社,2005.

30. 吴蓓.为什么选择华德福学校?[J].少年儿童研究,2004:08.

31. 彭丽丽.教育的桃花源:华德福学校研究[D].上海:华东师范大学,2007:4.

32. 李宁.教育回归生活理念在华德福幼儿园运用的个案研究[D].西安:陕西师范大学,2014:5.

33. 杨瑞芬.幼儿园文化个性:内涵、构成及影响因素——基于A园的田野研究[J].西北成人教育学院学报,2018(5):10—15.

34. 张丹枫,史献平.学前儿童发展心理学[M].北京:高等教育出版社,2014.

35. 赵娟.幼儿园班级管理与环境创设[M].北京:北京师范大学出版社,2014.

36. 陈芝蓉.学前儿童社会教育活动设计与指导[M].北京:机械工业出版社,2017.

37. 顾荣芳.竹节的力量:关键事件与幼儿教师专业成长研究[M].南京:南京师范大学出版社,2011.